STUDIA
HUMANITATIS
문명텍스트

STUDIA
HUMANITATIS
문명텍스트
33

그리스 지도자들에게 고함

이소크라테스의 아홉 통의 편지

이소크라테스 지음 | 김헌 주해

서울대학교출판문화원

STUDIA HUMANITATIS
문명텍스트
33

그리스 지도자들에게 고함

이소크라테스의 아홉 통의 편지

초판 1쇄 인쇄 2017년 12월 25일
초판 1쇄 발행 2017년 12월 30일

지은이 이소크라테스
주해자 김헌
펴낸이 성낙인
펴낸곳 서울대학교출판문화원

출판등록 제15-3호

주소 08826 서울 관악구 관악로 1
대표전화 02-880-5252 | 팩스 02-888-4148
홍보마케팅팀(주문 상담) 02-889-4424, 02-880-7995
이메일 snubook@snu.ac.kr
홈페이지 www.snupress.com

ISBN 978-89-521-1908-7 94160
978-89-521-1574-4 (세트)

이 저서는 2007년 정부(교육과학기술부)의 재원으로
한국연구재단의 지원을 받아 수행된 연구임(NRF-2007-361-AL0016).

❁ 머리말

내가 이소크라테스의 글을 처음 접한 것은 1997년 봄이었다. 그러니까 벌써 20년 전의 일이다. 서양고전학 협동과정 대학원 수업에서 이태수 선생님과 아리스토텔레스의 『수사학』을 읽었는데, 그때 이소크라테스의 『소피스트 반박』을 참고 자료로 함께 읽었던 것이다. 그러나 그때 이소크라테스의 글은 나의 관심을 크게 끌지 못했다. 프랑스 유학 시절 지도교수였던 페르노(L. Pernot) 교수를 사사하며 고대 그리스 수사학의 전체 지형도를 그리면서 이소크라테스는 점점 더 내 관심의 중요한 대상이 되기 시작했다. 특히 그때 준비하고 있던 박사학위 논문이 아리스토텔레스의 수사학을 절반의 내용으로 삼고 있었기 때문에 아리스토텔레스와 이소크라테스의 관계에 초점을 맞추기 시작했다. 또한 아리스토텔레스의 수사학 체계가 형성되는 과정에서 플라톤이 미친 영향을 검토하던 중에 자연스럽게 플라톤과 이소크라테스의 대립관계도 발견하게 되었다. 물론 당시는 이 세 사람의 관계를 지금처럼 선명하게 보지 못했고 자신 있게 말하지도 못했다. 하지만 이소크라테스의 존재는 점점 더 크게 내 탐구영역 속에 자리를 잡게 되었다. 한국수사학회와 서양고전학회 그리고 세계수사학사회

(ISHR)를 비롯한 몇몇 국제학술대회에서 이소크라테스의 교육과 철학, 수사학을 주제로 여러 편의 논문을 발표하였다. 그리고 번역에 착수하기 시작했다. 첫 결실은 『시민대축전에 부쳐』(*Panēgurikos*)였다.(이 연설문의 번역은 2015년 민음사에서 『그리스의 위대한 연설』이라는 제목으로 출간된 책에 수록되어 있는데, 이 책에는 이소크라테스의 이 연설문 이외에 페리클레스, 뤼시아스, 데모스테네스의 연설문이 김기훈·장시은의 번역으로 함께 실려 있다)

이 책에 실린 편지글들의 번역은 나의 이소크라테스 읽기의 세 번째 결실이다. 두 번째 결실은 이소크라테스가 법정에서 스스로를 변론하는 형식으로 작성된 『교환소송(Antidosis)에 관하여』라는 연설문에 대한 주해서이다. 이 연설문은 편지글보다 분량도 훨씬 더 많고 내용도 더 복잡해서 주해 작업은 먼저 시작되었지만 마무리는 더 늦어졌다. 편지글에 대한 주해서가 나온 후 곧 이어서 출간될 예정이다. 편지글은 대상도 다양하고 짧은 글 속에 묵직한 주제가 압축되어 있어 번역과 주해 작업은 아주 흥미로웠다. 그리스의 정치적 상황이 급박하게 돌아가고 있을 때, 아테네의 지적 원로로 존경받던 이소크라테스가 자신의 정치적 이상을 실현하기 위해 조급하기도 하고 조심스럽기도 했겠지만 용기를 내어 성실하게 글을 작성하며 한 글자 한 글자 곱씹었을 모습이 그의 글을 읽는 내내 떠올랐다. 그의 글을 우리말로 옮기는 과정에서 내가 그가 되는 감정이입의 경험도 적잖이 있었다.

이소크라테스는 합리적이고 용감하며 사려 깊은 그리스의 정신에 대한 자신감과 존경심을 가지고 있었다. 서로 싸우며 약해져 가는 그리스인들을 향해 단결과 팽창을 외칠 때, 그 힘은 바로 거기에서 나왔던 것 같다. 그는 그리스 정신이 전 세계에 퍼져 보편적인 것으로 확립되어야 한다고 믿었던 사람이다. 정치적인 단합과 군사적인 팽창의 이념으로 제시된 그의 '범그리스주의'(panhellenism)는 그리스 정신과 문화의 보편성에 대한 그의 믿음에 기초를 두고 있었다. 그는 일생의 대부분을 제자를 교육(paideia)하는 데에 바쳤다. 사람들은 그의 교육을 '수사학'(rhētorikē)이라고 불러왔지만 그 자신은 그것을 '철학'(philosophia)이라고 했다. 그가 말하는 철학은 말(logos)과 의견(doxa), 현명함(phronēsis), 공정유연성(epieikeia), 공공성(koinoia), 참신성(kainos), 시의적절성(kairos) 등이 키워드로 사용되어 구성된 현실적이고 실용적이며 공동체적인 것이었다. 여러모로 플라톤과 대비되며 아리스토텔레스와 연결된다. 나는 이 점에 주목하여 그의 작품을 읽어나가고 있으며 기원전 4세기 그리스 고전기의 지적 지형도를 다시 그리고 있다. 그리고 그의 생각이 오늘날 우리에게도 실효성이 있을 것이라는 기대와 희망을 키워가고 있다.

이 책이 나오기까지 많은 분들의 관심과 도움이 있었음을 밝히고 감사의 인사를 드리고 싶다. 먼저 이태수 선생님께 감사드린다. 그분께서 나로 하여금 이소크라테스를 만나게 해주셨고 또한 이 책의 많은 부분을 바로잡아 주셨다. 이에 대해 진심으로 감사를 드린다. 그리고 강상진 선생님의 조언은 책의 오류를 잡아준 데에서 그치지 않고 이 작업을 끝까지 잘 마무리할 수 있는 격려의 메시지가 되었다. 그러나 이 책의 여러 부분에서 여전히 부족한 점들이 느껴지는데, 그 모든 책임은 나에게 있다. 이소크라테스에 대한 나의 관심에 애정 어린 비판의 질문을 주시고 플라톤과 이소크라테스 사이에서 적절한 균형감을 유지할 수 있게 해주신 것에 대해서는 김남두 선생님께 감사를 드린다. 그분은 언제나 긴장감을 늦추지 않게 해주셨는데, 그 덕택에 나는 좀 더 각성하고 좀 덜 게으를 수 있었던 것 같다. 또한 프랑스 유학 시절부터 지금까지 수사학에 관해 항상 유익한 정보를 공유해주시며 공부의 방향을 점검해주시는 페르노 선생님께도 심심한 감사의 말씀을 드리고 싶다. 마지막으로 그리스어 대역본으로 책을 만드는 데에 많은 어려움이 있었음을 밝히며, 이를 위해 편집과 교정 부분에서 아낌없이 노력해주신 서울대학교출판문화원의 여러 관계자들께, 특히 곽진희 실장님과 정성스럽고 꼼꼼하게 원고를 검토해주신 현우진 선생님께 깊은 감사를 드린다.

2017년 12월

김헌

❁ 차례

편지에 담긴 이소크라테스의 외침, 그리고 그의 삶과 저술에 관하여

■해제

이 책은 기원전 4세기에 그리스 아테네에서 활동했던 이소크라테스가 쓴 아홉 통의 편지를 다룬다. 편지는 당시 그리스 여러 도시국가의 지도자급 인사들에게 보내진 것이었다. 이 편지글들 속에는 당대 그리스의 도시국가들이 직면한 정치적 위기에 대한 원대한 해결책이 제시되어 있다. 이런 이유로 큰 제목을 "그리스 지도자들에게 고함"이라고 붙였다.

그런데 이소크라테스는 누구며, 그의 편지를 받은 이들은 어떤 사람들이었나? 그가 돌파해나가고자 했던 그리스의 정치적 문제는 무엇이며, 그가 제시한 해결책은 무엇이었나? 이런 물음들에 간략하게나마 답을 내놓는 것이 이소크라테스에 낯선 독자들에게 도움을 줄 것이다.

1. 이소크라테스는 누구인가?

이소크라테스는 기원전 436년에 태어났으며 아테네의 에르키아 데모스 출신이었다. 그의 아버지 테오도로스는 아울로스라는 악기를 만들어 팔아 큰돈을 모은 신흥부호였다. 아버지 덕에 이소크라테스는 당대 최고의 교육을 받을 수 있었다. 프로디코스, 고르기아스, 티시아스와 같은 소피스트에게도 교육을 받았다고 한다. 그런데 그의 성장기에 아테네는 평온한 곳이 아니었다. 아테네는 스파르타를 상대로 펠로폰네소스 전쟁(기원전 431-404년)을 벌이고 있었다. 당시 역사적 상황에서 두 도시국가의 전쟁은 피할 수 없는 것처럼 보였다.

이소크라테스가 태어나기 전인 기원전 5세기 초에 그리스는 에게해 건너 거대한 페르시아 제국으로부터 두 차례 대규모 침략을 받았다. 아테네는 첫 번째는 혼자의 힘으로, 두 번째는 스파르타와 함께 그리스의 여러 도시국가들을 이끌고 페르시아의 침략을 성공적으로 막아냈다. 전쟁 후 두 도시국가는 각자 영향력을 확장시켜 나갔다. 스파르타가 펠로폰네소스반도를 중심으로 동맹을 이끄는 사이에 아테네는 해양 세력의 핵심으로 부상하며 델로스 동맹을 주도하였다. 아테네의 기세는 하늘을 찌를 듯했고, 작은 도시국가 규모의 아테네는 '제국'이라는 이름이 어색하지 않을 정도로 강력한 패권을 행사하였다. 하늘 아래 두 개의 태양이 있을 수 없다는 말이 있듯이 그리스 세계 안에서 아테네와 스파르타는 평화롭게 공존할 수가 없었다. 결국 둘 사이에 펠로폰네소스 전쟁이 일어났다. 그가 이 전쟁에 참여했다는 기록이나 증거는 없지만 전쟁은 그의 생각에 큰 영향을 주었을 것임에 틀림없다.

그가 공적인 활동을 시작한 것은 펠로폰네소스 전쟁이 스파르타의 승리로 끝난 직후인 기원전 403년경으로 30대 초반의 나이였다. 처음에 그는 '연설문 작성가'(logographos)로 활동했다. 법정에서 변론을 하거나 고발을 해야 하는 사람들의 요청에 따라 연설문을 대필해 주었던 것이다. 채무, 상속, 폭력 행위와 관련된 법정 소송의 연설문이 그의 것으로 남아 있다. 그러나 그는 이내 연설문 대필을 그만두었다.

그 대신 392년경에 학교를 세웠다. 그곳에서 그는 소위 '수사학 교사'로 대중 연설의 요령을 가르쳤다고 알려져 있다. 타고난 목소리가 약했고 수많은 청중들 앞에서 연설할 수 있는 배짱을 갖지 못했기 때문에 연설가가 되는 것을 포기했고, 다른 사람을 위해 연설문을 써 주는 작업은 그에게 만족을 주지 못했기에 수사학 교육에 나섰던 것이다. 그의 학교는 유명세를 탔고 많은 학생들이 각처에서 몰려왔다. 이와 같은 인기는 아테네를 비롯해 그리스 전역의 많은 도시국가가 채택한 민주정에서 비롯된 것이었다. 민주정에서는 시민들이 자신의 법적 분쟁이나 정치적 활동을 위해 법정과 의회에서 직접 연설을 해야 했다. 이때 '청중을 설득할 수 있는 능력'은 자신의 권리를 지키고 권력을 행사하는 중요한 수단이었다. 그런 설득의 능력을 '수사학'(rhētorikē)이라고 불렀다. 많은 사람들이 수사학을 배우기 위해 이소크라테스의 학교로 몰려들었던 것이다.

2. 이소크라테스는 철학자인가?

그런데 이소크라테스는 아마도 의도적으로, 최소한 현재 남아 있는 문헌에서 확인되는 바에 의하면 '수사학'이라는 말을 사용하지 않은 것으로 보인다. 오히려 그는 '철학'(philosophia)에 일생을 바친 철학자라고 자부했다. 그러나 그의 주장에도 불구하고 웬만한 '서양철학사'라는 제목의 책에서 그의 이름을 찾아보기는 매우 어렵다. 그런 이유로 그는 우리가 알고 있는 일반적인 의미의 철학자가 아닌 셈이다. 그가 생각한 철학이 무엇인지를 자세하게 알고 싶다면 『교환소송에 관하여』라는 연설문을 참조할 필요가 있다.[1] 독자들은 아쉬운 대로 지금 이 책에 실린 편지글들의 여기저기에서도 그가 생각하는 철학이 무엇인지를 약간은 맛볼 수 있으며, 미주에 붙인 설명을 통해 좀 더 상세한 내용을 알 수 있을 것이다.

이소크라테스의 경쟁자로 알려진 철학자 플라톤은 『파이드로스』에서 이소크라테스의 철학에 대해 우리가 갖게 되는 이질감을 표현한 적이 있다. 대화편의 주인공인 소크라테스는 이렇게 말한다.

> 그(이소크라테스)의 생각에는 '어떤' 철학이 들어 있다.(279a-b)[2]

---

1 문명텍스트총서에 이 연설문의 주해서가 조만간 포함될 예정이니 자세한 사항은 그 책을 보라.

2 플라톤이 이 구절에서 이소크라테스를 철학자의 한 사람이라고 인정한 것인지, 아니면 에둘러 공격한 것인지에 관해서는 논란의 여지가 있다. (1) 진심으로 철학자라 인정한 것으로 해석하는 경우는 Voliotis, N., 1977, "Isocrates and Plato–An effort to interpret *Phaedrus* 278e-279b", *Platon*, 29, pp. 145-151; Laplace, M., 1988, "L'hommage de Platon à Isocrate dand le *Phèdre*", *Revue de philology, de littérature et d'histoire ancienne*, Ser. 3: 62 (=114), pp. 273-281; Goggin, M. D. and Long, E., 1993, "A Tincture of Philosophy, a Tincture of Hope: The Portrayal of Isocrates in Plato's *Phaedrus*", *Rhetoric Review*, Vol. 11, No. 2, pp. 301-324를 보라. (2) 부정적으로 해석하는 경우는 Howland, R. L., 1937, "The attack on Isocrates in the *Phaedrus*", *The Classical Quaterly*, Vol. 31, No. 3/4, pp. 151-159; McAdon, B., 2004, "Plato's Denunciation of Rhetoric in the *Phaedrus*", *Rhetoric Review*, Vol. 23, No. 1, pp. 21-39; Vries, G. J. de, 1953a, "Isocrates's Reaction to the *Phaedrus*", *Mnemosyne*, Fourth Series,

이렇듯 이소크라테스는 플라톤의 눈에도 우리의 눈에도 '색다른' 철학을 했던 사람으로 보인다. '아니, 이소크라테스는 철학을 했던 것이 아니야!'라고 강한 거부감을 보이는 사람도 있다. 그러나 그의 당대에는 그가 철학자였다는 사실이 자연스럽게 받아들여졌던 것 같다. 오히려 플라톤이 당대 아테네인들이 생각하던 철학과는 다른 새롭고 각별한 철학을 했던 사람으로 여겨졌을 가능성이 높다.[3] 우리에게는 플라톤이 철학자인 것이 자명한 반면, 이소크라테스가 철학자라고 주장하면 생소하게 느껴지지만 당대 아테네인들에게 누가 더 철학자로서 인정을 받았는지는 쉽게 판단할 일은 아니다. 이소크라테스가 철학을 했는지 안 했는지, 그가 철학자인지 아닌지는 최근 몇 년 동안 학계에서 새롭게 부각된 문제임에는 분명하다.[4] 이소크라테스에게 철학은 급변하는 정치적인 상황 속에서 대중과 도시국가에 유익한 판단을 내릴 수 있는 현명함(phronēsis)과 시의적절(kairos)한 의

Vol. 6, Fasc. 1, pp. 39-45; Vries, G. J. de, 1953b, "Isocrates in the *Phaedrus*: A Reply", *Mnemosyne*, Fourth Series, Vol. 24, Fasc. 4, pp. 387-390을 보라.

3 이에 관해서는 김헌, 2016, 「그리스 고전기에 '아테네가 보여준 철학'」, 『서양고전학연구』 제55권 2호, 145-182쪽을 보라.

4 Wilcox, S., 1943, "Criticisms of Isocrates and His Filosofia", *Transactions and Proceedings of the American Philological Association*, Vol. 74, pp. 113-133; Halliwell, S., 1997, "Philosophical Rhetoric or Rhetorical Philosophy? The Strange Case of Isocrates" in B. D. Schildgen (ed.), *The Rhetoric Canon*, Detroit: Wayne State University Press, 2004; Timmerman, D. M., 1998, "Isocrates' Competing Conceptualization of Philosophy", *Philosophy and Rhetoric*, Vol. 31, No. 2, pp. 145-159; Livingstone, N., 2007, "Writing Politics: Isocrates' Rhetoric of Philosophy", *Rhetorica: A Journal of the History of Rhetoric*, Vol. 25, No. 1, pp. 15-34; Alexiou, E., 2007, "Rhetoric, Philosophy and Politics: Isocrates and the homologoumene arete", *Rhetorica: A Journal of the History of Rhetoric*, pp. 1-13 등을 보라.

견(doxa)을 제시하고 다른 사람들과 소통할 수 있는 '연설 능력을 갖춘 사람'(rhētorikos)의 지혜와 그것을 가르치는 교육에 핵심을 두고 있었다. 그런 까닭에 그의 철학은 철학이라 불리지 않고 수사학이라고 불린 것이다.

흔히 수사학이라 불리는 그의 가르침은 모범적인 연설문을 학교 안에서 학생들에게 낭송하는 방법으로 실천되었는데, 여러 도시국가의 지도자급 인사들이 그의 학교를 찾았다. 그런데 그가 훌륭한 연설가를 키우는 교육에 전념했다고 해서 단순히 법정이나 의회에서 논쟁의 경쟁자를 압도하고 청중을 휘어잡고 설득하는 탁월한 연설가를 키우려는 것이 그의 목적은 아니었다. 그에게 '말'(logos)은 몸 안에 숨겨져 있는 영혼을 드러내는, 그 영혼 속에 담긴 생각과 품성을 드러내는 그림(eikōn, eidōlon)과도 같은 것이었으며 삶의 이력을 담아내는 그릇과도 같은 것이었다. 따라서 '말의 교육'(paideia tōn logōn)은 말로 표현되는 '생각'(dianoia)의 교육이었고, 공적인 소통의 장소에서 자기 의견을 표현할 수 있도록 하는 교육이었다. 급변하며 수많은 이해관계가 충돌하는 도시국가의 정치적 현실 속에서 현명하게 판단하고 의견을 구성하여 조리 있게 표현하는 능력을 함양하게 하는 것이었다. 그것은 소크라테스의 용어 그대로 '영혼을 돌보는 것'(epimeleia tēs psukhēs)이었다.

주목할 점은 그리스의 수사학이 아테네를 대표로 하는 민주정을 실시한 도시국가에서 발생하였으며 민주정의 특징을 잘 보여주는 민회나 평의회, 법정에서 청중을 설득하는 말솜씨로 발전하였던 것에 반해 이소크라테스의 교육은 일견 사회적 지도층과 특권층을 위한 엘리트 교육이었으며, 그의 학교는 귀족적 특징을 가지고 있었다는 것이다. 플루타르코스의 전언에 따르면 대표적인 의회 연설가였던 데모스테네스가 수업료를 지불하기 어려워 이소크라테스의 학교에 들어가지 못했다고 한다. 실제로 이소크라테스는 50여 년 동안 학교를 운영하면서 수많은 제자를 길러냈고, 제자들의 상당수가 유력자들이었던 까닭에 돈을 많이 벌었던 것으로 알려졌다. 그래서 그는 아테네 해군의 삼단노 건조 공역에 돈을 기부할 것을 요청받기도 했고 실제로 지불하기까지 했다. 그러나 그의 교육은 학교 안에만 머무르지 않았다. 그리스의 민중이 모이는 올림피아 제전에서도 멋진 연설을 선보임으로써 정치적인 측면에서나 문화적인 측면에서 일반 청중에 대한 일종의 시민교육을 실천했던 것이다.[5]

3. 이소크라테스는 정치 사상가인가?

그가 학교를 세우고 철학 내지 수사학을 가르쳤다고 해서 그가 현실 정치에 무관심했던 것은 아니다. 아니, 그 반대였다. 그가 정치적 메시지를 본격적으로 던지기 시작한 것은 기원전 380년이었다. 학교를 세우고 아테네는 물론 그리스 전역에서 찾아온 인재를 양성하기 시작한 지 12년이 지난 시점이었다. 그는 전 지역의 그리스인들이 모이

---

5 Poulakos, T., 1997, *Speaking for the Polis, Isocrates' Rhetorical Education*, Columbia: University of South Carolina Press; Poulakos, T. and Depew, D. (eds.), 2004, *Isocrates and Civic Education*, University of Texas Press; Janik, J., 2012, *Political Concepts and Language of Isocrates*, Kraków; 김헌, 2015, 「이소크라테스와 시민교육」, 『서양고전학연구』 제54권 1호, 35-64쪽 등을 보라.

는 올륌피아 제전에서 『시민대축전에 부쳐』(*panēgurikos*)를 발표하였는데, 그곳에서 그는 그리스가 직면한 정치적인 위기를 진단하고 그에 대한 처방으로 원대한 정치적 구상을 내놓았다. 이를 학자들은 '범그리스주의'(panhellenism)라고 부른다.[6] 그것은 펠로폰네소스 전쟁을 시작으로 갈등과 분열의 고통에 시달리는 그리스가 한마음 한뜻이 되어 힘을 합쳐야 한다는 주장이다. 나아가 그 단결된 힘으로 에게해를 건너 페르시아를 겨냥한 군사적인 원정을 감행해야 한다는 동방원정의 구상을 담고 있다.

> 이제 저는 이방인을 상대로는 전쟁을 하되 우리 자신들은 한마음 한뜻이 될 것을 제안하려고 합니다.
>
> 우리 자신들 사이에 존재하는 경쟁심을 버리고 함께 힘을 모아 이방인과 전쟁을 하자는 것입니다.[7]

페르시아는 지난 세기에 두 차례의 침략에 실패했지만 여전히 그리스인들에게 위협적인 존재였기 때문이다.

그런데 범그리스주의의 실천을 누가 주도할 것인가? 이 물음에 대해 이소크라테스는 처음에는 아테네가 적격이라고 주장했다. 당시 주도권을 쥐고 있던 스파르타와 아테네가 함께 손을 잡는 것도 좋

6 이에 관한 전반적인 논의는 김헌, 2015, 「이소크라테스의 범그리스주의」, 『인문논총』 제72권 제3호, 서울대인문학연구원, 45-77쪽을 보라.

7 『시민대축전에 부쳐』 [3]/[19]. 번역은 필자의 것이다.(김헌 외, 2015, 『그리스의 위대한 연설』, 민음사) 이에 대한 수사학적인 분석에 관해서는 김헌, 2015, 「『시민대축전에 부쳐』에 나타난 이소크라테스의 수사적 전략」, 『수사학』 제24집, 49-89쪽을 보라.

은 방법이라고 주장했다. 그러나 그의 주장이 현실성을 잃게 되자 그는 다른 도시국가들 쪽으로 시선을 돌렸다. 아테네와의 친소관계에 연연해하지 않고 능력만을 보고 범그리스주의를 실현시킬 만한 왕이나 지도자들에게 글을 보냈다. 그것은 장문의 연설문으로 작성되기도 하였고 짤막한 편지글의 형식을 취하기도 했다. 따라서 이 책에 실린 여러 편의 편지에서 독자들은 범그리스주의라는 그의 정치적인 이상을 읽어낼 수 있을 것이다. 그의 구상이 얼마나 구체적인지, 실현 가능성이 있는 것인지를 판단하는 것은 이 책을 즐길 수 있는 중요한 독서 포인트가 될 것이다.

『시민대축전에 부쳐』를 발표한 이후, 특히 기원전 380년에서 370년 사이에 그는 살라미스의 왕들에게 연설문을 보냈고(『니코클레스에게』, 『니코클레스』, 『에바고라스』) 보이오티아와 펠로폰네소스 등 그리스 여러 지역의 정치적 문제들에 대해서도 발언하였다.(『플라타이코스』, 『아르키다모스』) 기원전 350년대에는 아테네 사람들에게 보내는 외교적 정책과 내정에 관한 조언을 연설문에 담아냈다.(『평화에 관하여』, 『아에로파고스에 관하여』) 그는 정치적 메시지를 담은 일련의 연설들을 통해 그리스 세계 안의 여러 도시국가들이 한마음 한뜻으로 힘을 모아야 하며, 나아가 페르시아에 군사적 원정을 떠나야 한다는 범그리스주의를 실천해야 할 필요성을 피력했다.

기원전 340년대에 이르러 이소크라테스는 그리스 북부의 마케도니아의 필립포스 대왕에게서 범그리스주의의 실현에 대한 큰 희망을 보았다. 그는 필립포스 대왕이 그리스 사람들을 하나로 묶고 이방인들과 투쟁할 수 있는 군주의 이상적인 모습을 가졌다고 판단했으며, 그에게 장문의 연설문(『필립포스』)과 두 통의 편지를 보냈다. 이소크라테스가 꿈꾸던 그리스의 통합은 마침내 필립포스와 그의 아들 알렉산드로스 대왕에 의해 이루어졌고 페르시아를 겨냥한 동방원정도 성공적으로 수행되었다. 보기에 따라서는 필립포스와 알렉산드로스에게 이소크라테스는 결정적인 조언자로 해석될 수 있다.

그러나 이소크라테스는 자신의 범그리스주의가 필립포스의 뒤를 이은 알렉산드로스에 의해 실현되는 것을 보지 못하고 죽었다. 플루타르코스가 썼다고 전해지는 기록에는 이소크라테스가 단식하다 죽었다고 한다. 필로스트라토스의 기록과 지은이가 알려지지 않은 이소크라테스의 전기도 그가 단식하다 죽었다는 사실을 전하고 있다. 기원전 338년의 일이다. 그의 죽음은 카이로네이아 전투와 관련이 있다. 이 전투는 아테네와 테베의 동맹군이 남쪽으로 세력을 뻗쳐오던 마케도니아의 필립포스 군에 맞서 싸운 것이었다. 필립포스가 승리했고 두 도시의 동맹군은 무참히 패배했으며, 아테네는 마케도니아가 주도하는 코린토스 동맹에 편입되었다. 이 전투에서 아테네와 테베 동맹군이 패배했다는 소식을 전해 들은 이소크라테스는 그 충격에 단식을 결행하게 되었고, 4일 만에 혹은 9일 만에 숨을 거두었다고 한다. 평화로운 그리스 통합을 꿈꾸며, 그 꿈을 실현해주리라 기대했던 필립포스 대왕의 폭력성에 실망했던 것일지도 모른다. 98세의 이소크라테스는 그렇게 세상을 떠났다고 한다.

이소크라테스가 세상을 떠난 후에 알렉산드로스가 필립포스의 뒤를 이어 왕위에 오르자 그는 곧 페르시아를 겨냥한 동방원정을 감행하였다. 이소크라테스가 그리던 범그리스주의가 마침내 실현된 것이다. 이 사건은 문명사적으로 매우 중요하다. 그리스의 정신과 문화가 동방으로 들어가 동서문명의 충돌과 융합이 이루어졌다는 사실도 주목해야 하지만 이소크라테스의 정치적인 이상이 지식인의 이상으로만 그치지 않고 그리스 역사에 획기적인 변화를 일으켰다는 사실도 의미심장하다. 물론 이소크라테스의 생각과 그의 글이 알렉산드로스의 동방원정의 직접적인 원인이라고 말하려면 더 많은 검토가 필요할 것이다. 그러나 적어도 이소크라테스는 그리스 세계는 물론 서구 문명의 중대한 변화를 명확하게 읽어내고 그것을 전망하고 예측했던 인물임에는 틀림없다. 그는 당시에 싹트기 시작한 서구 특유의 팽창주의적인 제국주의의 역사적 단초에 명확한 이념적 표현을 말과 글로써 제공했던 셈이다. 그의 정치적 이상은 그리스 세계가 거대한 제국으로 팽창한 것과 깊은 관련이 있고, 이후 팍스 로마나와 근대 이후 진행되었던 서구 세계의 제국주의적 팽창과도 관련이 있기 때문이다.[8] 이소크라테스의 편지를 읽는 것, 나아가 그의 작품 전

---

8 그렇다고 해서 이소크라테스의 이념의 의의나 영향력을 지나치게 확대 해석할 필요는 없다. 예컨대 이소크라테스가 처음으로, 그것도 혼자서 제국주의적 팽창의 사상적 동력을 제공했다거나 후대의 '팍스 로마나' 또는 근세의 제국주의가 이소크라테스의 이념적 노선을 신봉하고 따랐다고 주장하기는 어렵다. 실제로 이소크라테스와 같은 범그리스주의를 주장하는 것은 당대 지식인들의 한 조류였다. 이에 관해서는 Flower, M. A., 2000, "From Simonides to Isocrates: The Fifth-Century Origins of Fourth-Centur Panhellenism", *Classical Antiquity*, Vol. 19, No. 1, pp. 65-101; Green, P., 1996, "The Metamorphosis of the Barbarian: Athenian Panhellenism in a Changing World" in R. W. Wallace and E. M. Harris (eds.), *Transitions to Empire. Essays in Greco-Roman History, 360-146 BC, in honor of E. Badian*, Norman, Okla., and London, pp. 5-36; Laistner, M. L. W., 1930, "The Influence of Isocrates's Political Doctrines on Some Fourth Century Men of Affairs", *The Classical Weekly*, Vol. 23, No. 17, pp. 129-131; Perlman, S., 1976, "Panhellenism, the Polis and Imperialism", *Historia*, 25, pp. 1-30; Sakellariou, M. B., 1980, "Panhellenism: From Concept to Policy" in M. Hatzopoulos and L. Loukopoulos (eds.), *Philip of Macedon*, Athens, 128-145; Sussman, J. H., 1921, *Die Grundzüge der panhellenischen Idee im 5. und 4 Jahrhundert v. Chr.*, Diss. Zürich 등을 보라.

체로 관심을 확장하여 그의 정치적 이상을 읽는 것은 서구를 중심으로 한 문명사적 거대 전환을 읽어내는 일과 연결된다.

4. 이소크라테스가 보낸 아홉 통의 편지

앞에서 말했던 바와 같이 이 책은 이소크라테스가 쓴 아홉 통의 편지를 다룬다. 먼저 아홉 통의 편지를 문헌학적인 관점에서 검토하여 그리스어 원문을 정리하고 그 옆에 한국어 번역을 붙였다. 번역에 대해 설명이 필요한 부분에는 주석을 붙였다. 개념이나 내용에 대한 간단한 설명은 각주로 붙였고, 좀 더 깊고 넓은 논의가 필요한 것들은 미주로 처리했다. 내가 이 책에서 택한 편지글들의 순서는 서양 문헌학자들의 전통적인 편집에 따른 것이다.[9]

1. 디오뉘시오스(시라쿠사의 참주)에게 보내는 편지(기원전 368년경)
2. 필립포스(마케도니아)에게 보내는 첫 번째 편지(기원전 342년)
3. 필립포스에게 보내는 두 번째 편지(기원전 338년)

9 독일의 고전학자 볼프(H. Wolf, 1516-1580)가 1570년에 이소크라테스의 작품 전집을 출간했을 때의 순서를 말한다. 드레루프(E. Drerup, 1871-1942)는 1906년에 이소크라테스 전집의 첫 권을 출간하면서 그 순서를 재구성하였지만 편지들의 경우에 순서는 변화가 없었다. 반면 프랑스의 마티유(G. Mathieu)와 브레몽(É. Brémond)은 편지글이 작성된 시간적인 순서에 따라 편지글을 배치했다. 괄호 안의 연도는 두 사람이 편지에 서술된 역사적 사건과 이소크라테스가 자신의 나이를 밝힌 것 등 여러 가지 내용을 토대로 추정한 것일 뿐, 정확한 것은 아니며 반론의 여지는 얼마든지 있다. Papillon, T. L., 2004, *Isocrates* II, University of Texas Press, p. 245 각주 2를 보라.

4. 안티파트로스(마케도니아)에게 보내는 편지(기원전 340-339년 사이)

5. 알렉산드로스(마케도니아)에게 보내는 편지(기원전 342년)

6. 이아손의 자제들(테살리아)에게 보내는 편지(기원전 359년)

7. 티모테오스(에욱시네의 헤라클레이아)에게 보내는 편지(기원전 345년경)

8. 뮈틸레나이아 사람들의 지도자들에게 보내는 편지(기원전 350년경)

9. 아르키다모스(스파르타)에게 보내는 편지(기원전 356년)

첫 번째 편지는 기원전 368년경에 시라쿠사의 참주 디오뉘시오스에게 보낸 것이며, 두 번째에서 다섯 번째 편지는 마케도니아의 지도자들(필립포스, 안티파트로스, 알렉산드로스)에게 보낸 것이다.[10] 나머지 네 통은 다른 하나의 범주로 묶기 어려운 여러 사람들에게 보낸 것이다.

그런데 이소크라테스는 왜 이런 편지들을 썼을까? 우리에게 남아 있는 아홉 통의 편지는 모두 그의 삶의 후반기에 작성된 것이다. 젊었을 때 작성한 것은 소실되었거나 젊어서는 후대에 남기려는 의도의 편지를 쓰지 않았다고 볼 수 있다. 아마도 충분한 길이의 연설문을 기술적으로 완성시키기에는 힘에 부쳤기 때문에 노년에 맞게 짧은 편지글의 형식을 취해 집필을 했던 것으로 보인다.[11]

그런데 남아 있는 그의 편지는 사적으로 은밀한 내용을 전하기

---

10 패필론(T. L. Papillon)의 보고에 따르면 일부 필사본에는 첫 번째 편지도 필립포스에게 보낸 것으로 표시되어 있다고 한다.(Papillon, T. L., 2004, *Isocrates* II, p. 245. 각주 1) 첫 번째부터 다섯 번째 편지가 모두 마케도니아의 지도자들을 향한 것이라고 묶으려는 의도가 보인다.

11 Papillon, T. L., 2004, *Isocrates* II, p. 246.

위해서라기보다는 다른 사람들에게도 읽히길 바라는 마음에서 작성된 것으로 보인다. 실제로 그의 편지는 수신자에게는 물론 수신자 주변 사람들에게도 읽혔던 것으로 추정되며, 수신자에게 전달되지 않은 채 다른 사람들에게만 낭독되기도 했다.(디오뉘시오스에게 보내는 편지가 그 예이다) 따라서 그의 편지는 자신의 뜻을 수신자에게 직접 전달하기 위한 것이기도 했지만 동시에 다른 사람에게 자신의 뜻을 함께 전달하거나 학생들에게 글쓰기(또는 말하기) 방법을 가르치기 위한 교육적인 목적에서 작성된 것으로 보인다.

이와 같은 일은 이소크라테스가 이른바 수사학 교사였기에 가능한 일이었다. 그런데 이 편지의 수신자는 물론이고 이 편지의 잠재적인 독자는 모두 일반 시민이라기보다는 사회 지도자급 인사들이었고, 그 의도나 내용은 개인적인 것이 아니라 공적인 것이었으며 그리스 전체를 위한 정치적인 것이었다. 이른바 범그리스주의를 실천하기 위해 적임자를 찾는 과정에서 대부분의 편지가 작성된 것이었다. 물론 모든 편지가 다 공적인 것만은 아니지만 사적인 청탁의 편지에서도 그의 공적 지향성은 배경이나 바탕에 뚜렷하게 깔려 있다. 아홉 통의 편지는 내용에 따라 크게 두 가지 범주로 나눌 수 있다. 첫 번째 범주는 '범그리스주의'(panhellenism)의 이념을 담은 편지를 묶는 것으로서 1, 3, 6, 7, 9번 편지가 여기에 속하며, 두 번째 범주는 첫 번째 범주에 속하지 않는 나머지, 즉 2, 4, 5, 8번 편지가 여기에 속한다. 범그리스주의라는 정치적인 이념에서 벗어난 다른 측면에서의 정치적 조언을 담은 편지(2, 5번)가 있는가 하면 개인적인 부탁이 담긴 편지(4, 8번)도 있다.

따라서 아홉 통의 서간문을 분석하는 가운데 우리가 기대할 수 있는 것은, 말하자면 '지도자를 위한 수사학'이다. 대중을 설득하는 수사학이 아테네를 중심으로 하는 그리스 수사학의 전형적인 면모라면 막강한 권력을 쥐고 있거나 대중의 지지를 받는 민주적 지도자들을 설득하는 데에도 그 수사학은 동일하게 적용될 수 있을까? 디오뉘시오스나 필립포스, 안티파트로스, 아르키다모스 등은 민주주의를 경험하지 못했거나 민주정에 대해 반감을 가진 지도자들이다. 그들을 설득하는 일은, 설득이 아니라면 그들과 소통하는 일은 어떻게 성공할 수 있을까? 이소크라테스의 편지에서 우리는 이 질문에 대한 답을 구하거나 답에 대한 실마리를 찾을 수 있을 것이다.

일찍이 중국의 춘추전국시대에는 제자백가라 불리는 지식인들이 여러 나라를 돌아다니며 그곳의 지도자들에게 유세를 했다. 그들은 자신의 철학과 정치적 이념을 받아줄 지도자를 갈망했던 것이다. 그들은 자기 의견을 관철시키기 위해 지도자들을 설득해야 했다. 그들이 상대했던 왕들은 자신의 생존과 국가의 안위를 걸고 전쟁의 위험을 매순간 직면해야 했기에 극도로 예민해 있었고, 가히 절대적이라 할 수 있는 권력을 쥐고 있었다. 그들 앞에서 자칫 말실수하여 '역린'을 건드리는 날에는 목숨을 잃을 수도 있었다. 그들은 왕을 설득하기 위해 어떤 수사학적인 전략을 가지고 있었는가?

이와 같은 질문에 답하기 위해 많은 중국학자들이나 중국 관련 학자들은 서구의 수사학적 이론을, 특히 아테네 민주정을 토대로 정리된 아리스토텔레스의 수사학을 끌어들이려고 했다. 아리스토텔레스의 수사학이 보편적인 형식과 효력을 갖는 한 그것은 의미 있는 일이기도 하다. 하지만 중국 고대(그리고 그 연속선상에 있는 권위주의적 사회인 현대의 중국과 그 문화적 자장 안에서 역사를 끌고 온 '한자문화권')의 수사학적 특징을 이해하려고 할 때 아리스토텔레스의 수사학이 갖는 한계를 무시할 수는 없다. 만약 필연적으로 또는 비교 문화적 관점에서 서양의 수사학 이론을 동양의 사례에 적용해야 한다면 이소크라테스의 편지는 아리스토텔레스의 수사학 이론이 줄 수 없는 것을 우리에게 제공할 것이다. 이런 관점에서 나는 이소크라테스의 편지를 번역하면서 주석을 붙였다.

5. 이소크라테스 문헌의 전승

이소크라테스의 편지는 그의 손에 의해 작성된 이후 어떻게 우리에게 전해졌는가? 그가 작성한 문서들은 거의 대부분 기원전 4세기에 작성되었다. 생전의 그의 활동은 아테네는 물론 그리스 전체에 잘 알려졌으며, 그는 연설문 작성가로서 명망이 높았다. 자연스럽게 그의 작품은 다른 사람들의 관심을 끌었고 필사에 의한 복사본이 생산되어 판매되거나 선물로 유통되었을 것이다.

이 와중에 위작들도 만들어졌다. 이소크라테스의 필력이 매우 뛰어났기 때문에 그의 텍스트가 많은 사람들의 모방과 학습의 대상이 되었던 것이다. 이런 사정으로 인해 그의 필력을 부러워하며 닮고 싶어 하는 사람들이 만들어낸 다수의 위작들이 등장했고 그중 일부는 이소크라테스의 것으로 알려지며 유통되었을 수도 있다. 그가 살아 있었을 때는 물론이고 그가 죽었을 때에도 그의 작품들에 대한 체계적인 편집과 엄밀한 관리와 보전은 이루어지지 않은 상태였다. 따라서 감쪽같이 이소크라테스를 흉내 낸 작품은 알게 모르게 이소크라테스의 것으로 여겨지곤 했을 것이다.

실제로 당대에도 그의 작품의 진위 여부는 논란의 대상이 되었는데, 예컨대 아파레우스[12]와 아리스토텔레스 사이에는 특정 작품에 대한 위작 논란이 있었다고 한다.[13] 나중에 할리카르나소스의 디오뉘시오스[14]는 당시 이소크라테스의 저술이라고 알려진 60편 가운데 25편만이 이소크라테스의 저작이라고 주장했고, 칼레 악테 출신의 카이킬리오스[15]는 28편이 이소크라테스의 것이라고 판정했다. 그만큼 이소크라테스의 위작이 많았던 것이다. 지금 우리가 이소크라테스의 것으로 알고 있는 것 가운데 위작이 있을 가능성을 전혀 배제할 수 없는 이유가 여기에 있다.

현재 우리에게는 총 21편의 연설문과 아홉 통의 편지가 전해지

---

12 아파레우스는 소피스트였던 힙피아스의 아들이었으며 이소크라테스의 학교에 입문하면서 그의 양자가 되었다. 연설가로서뿐만 아니라 비극작가로도 활동하면서 37편의 비극작품을 남겼으며 그 가운데 경연대회에서 네 번 우승했다고 한다.

13 Mathieu, G. and Brémond, É., 1962, *Isocrate Discours*, tome IV, Paris: Les Belles Lettres, p. xx.

14 할리카르나소스의 디오뉘시오스는 기원전 1세기 아우구스투스 시대에 로마에 와서 활동한 그리스의 수사학 교사이며 역사가였다. 기원전 5-4세기 그리스에서 활동했던 연설가들(뤼시아스, 이사이오스, 데이나르코스, 이소크라테스, 데모스테네스)의 문체를 연구하는 한편, 역사가 투퀴디데스의 역사 기술에 관한 연구서도 남겼다. 그는 역사가로서 20여 권에 달하는 로마의 고대사를 쓰기도 했는데, 이를 통해 로마의 통치에 그리스인들이 어떻게 타협해나가야 할지를 모색했다.

15 카이킬리오스는 기원전 1세기에서 서기 1세기 사이 아우구스투스 시대에 시칠리아섬에서 활동하던 연설가였다. 그는 아테네에서 활동하던 연설가들 가운데 10명을 추려내어 그들의 문체를 연구하였다. 그로부터 이른바 아테네의 '10대 연설가'(뤼쿠르고스, 안도키데스, 이사이오스, 휘페레이데스, 데이나르코스, 안티폰, 뤼시아스, 데모스테네스, 아이스키네스, 이소크라테스)가 확정되었고, 이후 위-플루타르코스가 이를 이어받아 그들의 전기를 작성했다.

고 있는데, 이것은 지중해 세계의 지적 성과물을 취합하던 알렉산드리아 도서관의 책임자로 일하던 칼리마코스(기원전 310/305-240년)가 편집한 것에서 유래한 것으로 보인다. 물론 칼리마코스가 편집한 전집에 포함된 작품의 목록들이 디오뉘시오스나 카이킬리오스의 비판적인 검토의 대상이 되었던 것이다. 이 책에서는 일단 아홉 통의 편지가 모두 이소크라테스의 것이라고 간주하고 다룬다.[16]

위작의 문제를 뒤로하고 다시 그의 문헌 전승에 관한 이야기로 돌아가자. 그의 작품은 그가 직접 작성한 이후 여러 사람들의 손에 의해 필사되었을 것이다. 그런 일은 그의 당대에만 있었던 일은 아니며 그가 죽고 난 이후에도 계속되었을 것이다. 이와 같은 필사의 과정은 적지 않은 변형을 낳는다. 텍스트의 변형은 필사가의 사견이 개입되면서 일어났을 수도 있지만 상당 부분은 의도되지 않은 실수에 의해서 일어난다. 원본에 충실한 것이 필사가의 미덕으로 여겨졌기 때문이다.

그러나 의도하지 않은 실수들이 누적되면서 텍스트의 변형이 심각한 왜곡의 수준에 이르면 이를 바로잡겠다는 취지에서 필사가의 해석이 가해질 수 있다. 다른 필사가의 실수를 바로잡고 이소크라테스의 원작을 회복하겠다는 의지와 노력이 텍스트에 또 다른 종류의

16 이와 같은 가정은 판 훅(L. Van Hook)의 것이며(Van Hook, L., 1945, *Isocrates*, Vol. III, Cambridge: Harvard University Press) 패필론도 이를 따른다.(Papillon, T. L., 2004, *Isocrates* II, p. 246) 반면에 김봉철 교수는 아홉 통의 편지 가운데 네 번째와 아홉 번째 편지는 위작일 가능성이 매우 높은 것으로 취급하였다. 그의 작품의 진위 여부에 관한 전반적인 논의는 김봉철, 2004, 『전환기의 그리스 지식인, 이소크라테스』, 신서원, 46-63쪽을 보라.

변형을 가하게 되는 것이다. 현재 우리에게 전해진 이소크라테스의 텍스트는 수많은 필사가의 손을 거쳐 변형된 것이다. 그 과정에서 텍스트의 일부가 삭제되거나 없는 내용이 첨가되거나 수정과 오기 등에 의해 변형되었을 가능성은 적지 않다.

필사본 가운데 온전한 형태로 남아 있는 가장 오래되고 가장 믿을 만한 필사본은 Urbinas 111(Γ)인데[17] 서기 9세기에서 10세기 사이에 작성된 것이다. 그것은 이소크라테스의 원본이 작성된 때로부터 약 1,200-1,300여 년 뒤에 작성된 것이니 그 수많은 세월 동안 가해진 다양한 종류의 수많은 변형을 포함하고 있을 것이다. 그렇다면 과연 우리가 보는 이소크라테스의 텍스트는 얼마나 이소크라테스의 원본에 충실한 것일까? 고전 문헌학자들은 이런 질문을 던지며 남아 있는 문헌들을 최대한 보전하면서 원본의 실상에 도전한다.

그러나 앞에서도 밝혔듯이 수많은 필사가들은 원본에 최대한 충실한 것을 미덕이라 생각하며 제멋대로 임의의 조작을 최소화하면서 필사했다는 사실을 고려한다면 현존하는 필사본에 근거하여 원본에 접근하는 것이 비관적인 것만은 아니다. 프랑스의 뷔데판을 편집한 마티유에 따르면 가장 신뢰할 만한 것으로 꼽히는 필사본 Urbinas 111(Γ)이 필사의 원본으로 삼았을 '최상위 원본'(archetypus)은 서기 1세기의 것으로 추정된다.[18]

---

17 이 필사본은 바티칸 도서관에 보관되어 있다.

18 Mathieu, G. and Brémond, É., 1962, *Isocrate Discours*, tome IV, p. xxi. 이후 이소크라테스의 문헌 전승과 관련하여 서술된 필사본에 관한 정보의 많은 부분은 Mathieu, G. and Brémond, É., 1962, *Isocrate Discours*, tome IV의 pp. xx-xxv, xxxix에서 가져와 정리한 것이다.

이소크라테스의 단편들을 담은 파피루스 20개와 양피지 한 개는 모두 서기 1세기 이후에 작성된 로마의 것이다. 그런데 이것들이 모두 Urbinas 111(Γ)의 내용과 일치하지는 않는데, 이것들 가운데 세 개의 자료를 언급할 필요가 있다. (1) 서기 4세기에 작성된 파피루스(Oxyrhynchos Papyri VIII n. 1096)는 『시민대축전에 부쳐』의 마지막 부분과 『평화에 관하여』 앞부분을 담고 있으며, (2) 서기 2세기에 작성된 파피루스(Oxyrhynchos Papyri V n. 844)는 『시민대축전에 부쳐』의 700줄 이상을 담고 있고, (3) 서기 1세기에 작성된 파피루스(대영박물관에 132번 파피루스로 보관되어 있다)는 『평화에 관하여』의 13부터 끝까지의 내용을 비교적 온전하게 전하고 있다.

독일의 문헌학자인 드레루프는 1906년에 이소크라테스 전집의 첫 권을 출간하였다. 그의 조사에 따르면 중세와 르네상스 시대에도 이소크라테스의 작품은 전체로든 부분적으로든 계속 재생산되었는데, 그 필사본의 수가 121개나 된다고 한다.[19] 이 모든 필사본들이 모두 비슷한 가치를 갖는 것은 아니다. 앞에서도 말했듯이 그 무엇보다도 베커(I. Bekker)가 발견한 Urbinas 111(Γ)이 다른 필사본들을 압도한다.

베커가 이 필사본을 바탕으로 이소크라테스의 연설문을 편집하고 1823년 옥스퍼드에서 발간한 이래 서양의 고전 문헌학자들은

19 드레루프는 파피루스를 포함하여 이소크라테스의 작품과 관련된 많은 양의 문건들과 그 요약을 제공한다.(Drerup, E., 1906, *Isocratis opera omnia* (hrsg.) Band 1, Leipzig, pp. 4-199) 그의 작품들 가운데 교육적으로 활용 가치가 높았던 『데모니코스에게』는 84개의 필사본이 있고, 가장 덜 읽힌 것으로 알려진 『칼리마코스 고발연설』도 14개의 필사본이 남아 있다고 한다.

121개에 달하는 필사본들을 크게 두 모둠으로 나누었다. 그중에 하나는 베커가 의존했던 Urbinas 111(Γ)을 원본으로 삼은 필사본들이고 다른 하나는 이른바 통속적 필사본들이었다. 앞에서 소개했던 이소크라테스 작품의 편집본의 하나인 뷔데판도 베커를 따라 Urbinas 111(Γ)을 가장 신뢰할 만한 필사본으로 두고 구성된 것이다. 실제로 베커 이후 출간된 거의 모든 인쇄 편집본은 그를 따라 Urbinas 111(Γ)을 가장 중요한 필사본으로 삼는다.[20]

이 필사본은 10세기부터 13세기까지 여섯 차례에 걸쳐 수정되었으며, 이때 다양한 종류의 통속적 필사본들이 참조된 것으로 보인다. Urbinas 111(Γ)로부터 두 개의 중요한 필사본이 파생되어 나오는데, 하나는 14세기에 작성된 Vaticanus 936(Δ)이고, 다른 하나는 15세기에 작성된 Ambrosianus O 144(E)이다.[21] 이 세 개의 필사본은 베커 이후 이소크라테스의 텍스트를 편집하는 데 중요한 요소로 작용한다.

하지만 Urbinas 111(Γ)에는 『에우튀누스 고발』, 『칼리마코스 고발』이 없으며, 『교환소송에 관하여』의 마지막 세 문단과 『멍에에 관하여』 첫 세 문단이 없는 것이 큰 흠이다. 게다가 많은 학자들은 이 책에서 다루는 아홉 통의 편지 부분에서 Urbinas 111(Γ)이 비교적 오류가 많다고 지적하며 이를 바로잡기 위해서는 통속적 필사본들을

20 이와는 다른 하나의 독법은 이른바 '통속적 필사본'들을 따라 읽는 것이다. 이소크라테스의 텍스트를 읽는 두 가지 길과 관련해서 더 자세한 사항은 『평화에 관하여』를 읽는 방식을 논의한 Laistner, L. W., 1921, "Isocratea", *The Classical Quarterly*, Vol. 15, No. 2, pp. 78-84를 보라.

21 Ambrosianus O 144(E)는 1812년에 무스톡시디스(A. Moustoxydis)에 의해 출간되었다.

많이 참조해야만 한다고 권유한다.[22]

앞에서 밝힌 것처럼 베커의 편집본이 1823년 옥스퍼드에서 출간되기 전까지 대부분의 인쇄본은 통속적 필사본들에 의존했다. 1493년에 최초로 출간된 이소크라테스 전집은 그리스의 고전학자 데메트리오스 칼코콘룰레스(Dēmētrios Khalkokonlulēs, 1423-1511)에 의해 편집된 것인데, 그는 통속적 필사본의 모둠에 속하는 한 필사본에 의존했으며, 그 이후로 19세기 초까지 통속적 필사본들이 두루 사용되었다.

1547년 독일의 고전학자 히에로니무스 볼프(Hieronymus Wolf, 1516-1580)가 스위스의 인문주의자이자 출판업자인 요하네스 오포리누스(Johannes Oporinus, 1507-1568)를 만나 이소크라테스의 연설문 네 편을 그리스어 원문과 라틴어 번역을 담아 출판하였다. 그리고 그 이듬해에 전 작품을 같은 방식으로 출판한 후에 이소크라테스의 원문에 대한 주석을 덧붙인 여섯 권의 책을 출간했을 때에도[23] 그의 작업은 주로 통속적 필사본들에 의존하였다. 그의 편집본은 당대로서는 훌륭한 것이었고 인쇄가 주는 힘에 편승하여 그 이후 학자들 사이에서는 권위를 갖게 되었다.

18-19세기의 고전 문헌학자들이 통속적 필사본들에 대해 새롭게 관심을 가지고 연구하기 시작하면서 문헌학적인 비판 작업도

---

22 나는 이 책에서 이소크라테스 편지의 그리스어 원문을 제시하고 번역을 하면서 마티유와 브레몽의 편집본에 의존해 통속적 필사본을 따라 많은 부분을 읽었다.

23 1547년에 처음 출간할 때는 이소크라테스의 연설문 네 편 이외에도 데모스테네스의 연설문 두 편을 함께 실었다. 그다음에는 두 연설가의 연설문 전체를 모두 담아 냈고, 주석서를 낼 때에는 이소크라테스의 연설문은 여섯 권으로 독립시켰으며, 데모스테네스의 연설문은 아이스퀴네스의 연설문과 함께 세 권 분량으로 출간하였다.

활발히 이루어졌다. 대표적인 사람이 코라이스(Coraïs)와 아우게르(Auger)였다. 아우게르가 1782년에 자신의 편집본을 구성할 때에도 주로 이용한 것은 통속적 필사본들이었다. 그가 이용한 것은 파리에 있는 16개의 필사본과 런던에 있는 한 개의 필사본, 옥스퍼드에 있는 세 개의 필사본이었는데 이 모두가 통속적 필사본들이었다. 그는 여러 필사본들을 면밀하게 비교 검토하여 볼프에 의해 정립된 텍스트에 수정을 가하기 시작했다. 코라이스 역시 통속적 필사본들을 두루 참조한 후 1807년에 문헌학적인 비판 작업을 통해 자신의 판본을 출간하였다.

대중적인 판본들 가운데 가장 중요한 판본은 1063년에 작성된 Vaticanus 65(Λ)인데, 코라이스는 물론 베커도 많이 참조하였다. 특히 이 필사본은 Urbinas 111(Γ)과 다른 주요 필사본인 Vaticanus 936(Δ), Ambrosianus O 144(E)가 담고 있지 않은 두 연설문(『에우튀누스 고발』, 『칼리마코스 고발』)을 담고 있어 주목할 만하다.

또한 『교환소송에 관하여』를 완전한 형태로 담고 있는 Laurentianus LXXXVII 14(Θ)도 중요한데, 13세기에 작성된 이 필사본은 Urbinas 111(Γ)을 중심으로 하는 독법과 여타의 대중적 판본들 사이에 교량 역할을 한다는 점에서 또 다른 중요성을 갖는다. 하나 더 추가하자면 바이터(Baiter)가 이용한 Scaphusianus 43(Z)을 꼽을 수 있는데, 이것은 15-16세기 사이에 작성된 것이다.

이소크라테스의 편지와 관련해서는 그 무엇보다도 Vaticanus 64(Φ)를 주목해야 한다. 1270년에 작성된 바로 이 필사본이 1499년에 무수로스(M. Musuros)가 알두스(Aldus Manutius) 출판사에서 출간한 최초의 인쇄본 '이소크라테스 서간집'의 원본이었으며,[24] 우리가 알고 있는 필사본들 가운데 편지를 포함하면서 Urbinas 111(Γ)에서 파생된 것이 아닌 다른 모든 필사본들의 원천이기 때문이다.

지금까지 이소크라테스의 문헌 전승과 문헌학적인 편집 작업 및 인쇄 출판 등과 관련하여 짧게나마 정리한 내용으로부터 이런 결론이 가능하다. 지금 우리가 읽을 수 있는 이소크라테스의 작품은 베커가 작업했던 것처럼 9-10세기에 작성된 필사본 Urbinas 111(Γ)을 바탕으로 그 필사본의 '가족'이라 할 수 있는 Vaticanus 936(Δ)(14세기 작성)과 Ambrosianus O 144(E)(15세기 작성)를 가장 중요한 필사본으로 삼고 여러 통속적 필사본들을 참조해서 문헌학적으로 구성된 것이다. 마티유가 언급했듯이, "지금으로서는 우리가 가지고 있는 필사본들이 줄 수 있는 모든 것이 제공된 것 같고, 이소크라테스의 텍스트에 눈에 띌 만한 수정이 가능하려면 어느 날 새로운 파피루스가 발견되어야만 할 것처럼 보인다."[25]

이 책에서 제공하는 그리스어 원문은 대부분 뷔데판의 내용과 일치한다. 그것과 다르게 읽은 경우에 설명이 필요하다고 생각되는 곳에 대해서는 각주와 미주에 설명을 붙여놓았다. 그리스어 원문의 아래쪽에 붙은 문헌학적 교감장치(apparatus criticus)에는 내가 읽은 방식과 다르게 읽는 필사본이나 문헌학자들의 의견들 중에서 중요한 것만 추려서 적어 넣었다. 통속적 필사본들에 대해서는 일일이 그 필사

24 물론 '이소크라테스의 서간집'이 무수로스의 인쇄본 책자의 제목은 아니었다. 정확한 제목은 *Epistolae diversorum philosophorum* (Aldo, Venezia, 1498-1499)이었는데, 여기에 그는 이소크라테스의 연설문 『헬레네』, 『에와고라스』와 함께 이소크라테스의 편지들을 편집해 넣어 인쇄본으로 출간한 것이다.

25 Mathieu, G. and Brémond, É., 1962, *Isocrate Discours*, tome IV, p. xxiv.

본들을 구별하지 않고 관례에 따라 전부 "vulg."라고만 표시하였다.

교감장치에 쓰인 필사본 표시

Γ Urbinas gr. 111, IX. aut X. saeculi.

Δ Vaticanus gr. 936, XIV. saec.

E Ambrosianus O-144-sup., XV. saec.

Φ Vaticanus gr. 64, anno 1270 scriptus.

Pap. Fragmenta in papyris servata.

vulg. Editiones quae ante Urbinatem inventum prodierunt et deteriores codices sequuntur.

Vict. Annotationes a Victorio (P. Verrori) in margine editionis Aldinae scriptae.

그리스 지도자들에게 고함

이소크라테스의 아홉 통의 편지

1. ΔΙΟΝΥΣΙΩΙ

[1] εἰ μὲν νεώτερος ἦν, οὐκ ἂν ἐπιστολὴν ἔπεμπον, ἀλλ᾽ αυτὸς ἄν σοι πλεύσας ἐνταῦθα διελέχθην· ἐπειδὴ δ᾽ οὐ κατὰ τοὺς αὐτοὺς χρόνους ὅ τε τῆς ἡλικίας τῆς ἐμῆς καιρὸς καὶ τῶν σῶν πραγμάτων συμβέβηκεν, ἀλλ᾽ ἐγὼ μὲν προαπείρηκα, τὰ δὲ πραττεσθαι νῦν ἀκμὴν εἴληφεν, ὡς οἷόν τ᾽ ἐστὶν ἐκ τῶν παρόντων, οὕτω σοι πειράσομαι δηλῶσαι περὶ αὐτῶν.

[2] οἶδα μὲν οὖν ὅτι τοῖς συμβουλεύειν ἐπιχειροῦσιν πολὺ διαφέρει μὴ διὰ γραμμάτων ποιεῖσθαι τὴν συνουσίαν ἀλλ᾽ αὐτοὺς πλησιάσαντας, οὐ μόνον ὅτι περὶ τῶν αὐτῶν πραγμάτων ῥᾷον ἄν τις παρὼν πρὸς παρόντα φράσειεν ἢ δι᾽ ἐπιστολῆς δηλώσειεν, οὐδ᾽ ὅτι πάντες τοῖς λεγομένοις μᾶλλον ἢ τοῖς γεγραμμένοις πιστεύουσιν, καὶ τῶν μὲν ὡς εἰσηγημάτων, τῶν δ᾽ ὡς ποιημάτων ποιοῦνται τὴν ἀκρόασιν·

Διονυσίῳ ΓΔΕ : Ἰσοκράτης Λυκόφρονι χαίρειν Φ ; titulus deest in *Palat.* 134, *Vatic. gr.* 1336, *Laurent.* LXX 19.

1. 디오뉘시오스에게[1]

[1] 제가 좀 더 젊었더라면[1)] 편지를 보내지는 않을 것입니다. 직접 배를 타고 그곳에 가서 당신과 대화를 나누겠지요.[2)] 하지만 제 나이의 적정 시기[3)]와 당신의 과업을 이룰 적정 시기가 서로 어긋나서 같은 시간[4)] 선상에 있지 않습니다. 저는 세월의 무게에 짓눌려 있는 반면 당신의 과업은 지금이 실행의 최적기를 맞이한 상태이니까요. 그래도 지금 제가 할 수 있는 최선을 다해 그 과업에 관해 당신에게 분명히 밝히도록 하겠습니다.

[2] 저는 함께 논의를 하려는 사람들이라면 글을 쓰는 것이 아니라 직접 만나 자리를 함께하는 것이 훨씬 뚜렷한 효과를 내리라는 것을 잘 알고 있습니다. 그것은 똑같은 일이라도 함께 얼굴을 맞대고 말하는 것이 편지로 설명을 하는 것보다는 훨씬 더 쉽기 때문만은 아닙니다. 모든 사람들이 글로 적힌 것보다는 말로 한 것을 더 잘 믿으며 말로 들을 때는 조언을 들은 것으로 받아들이는 반면, 글을 접하면 지어낸 이야기를 듣는 것으로 여기기 때문도 아닙니다.[5)]

---

1 1270년에 필사된 Vaticanus gr. 64(Φ)에는 "이소크라테스가 디오뉘시오스에게 문안하다"라는 제목 대신에 "이소크라테스가 뤼코프론에게 문안하다"라는 제목으로 적혀 있다. 여기에서는 주요 필사본(ΓΔΕ)에 따라 "디오뉘시오스에게"라는 제목을 취했다. 몇몇 대중적 사본들에는 제목이 빠져 있다.

[3] ἔτι δὲ πρὸς τούτοις ἐν μὲν ταῖς συνουσίαις, ἢν ἀγνοηθῇ τι τῶν λεγομένων ἢ μὴ πιστευθῇ, παρὼν ὁ τὸν λόγον διεξιὼν ἀμφοτέροις τούτοις ἐπήμυνεν, ἐν δὲ τοῖς ἐπιστελλομένοις καὶ γεγραμμένοις, ἥν τι συμβῇ τοιοῦτον, οὐκ ἔστιν ὁ διορθώσων· ἀπόντος γὰρ τοῦ γράψαντος ἔρημα τοῦ βοηθήσοντός ἐστιν. οὐ μὴν ἀλλ᾽ ἐπειδὴ σὺ μέλλεις αὐτῶν ἔσεσθαι κριτής, πολλὰς ἐλπίδας ἔχω φανήσεσθαι λέγοντας ἡμᾶς τι τῶν δεόντων· ἡγοῦμαι γὰρ ἀπάσας ἀφέντα <σε> τὰς δυσχερείας τὰς προειρημένας αὐταῖς ταῖς πράξεσιν προσέξειν τὸν νοῦν.

[4] καίτοι τινὲς ἤδη με τῶν σοὶ πλησιασάντων ἐκφοβεῖν ἐπεχείρησαν, λέγοντες ὡς σὺ τοὺς μὲν κολακεύοντας τιμᾷς, τῶν δὲ συμβουλευόντων καταφρονεῖς. ἐγὼ δ᾽ εἰ μὲν ἀπεδεχόμην τοὺς λόγους τούτους ἐκείνων, πολλὴν ἂν ἡσυχίαν εἶχον· νῦν δ᾽ οὐδεὶς ἄν με πείσειεν ὡς οἷόν τ᾽ ἐστὶν τοσοῦτον καὶ τῇ γνώμῃ καὶ ταῖς πράξεσιν διενεγκεῖν, ἂν μή τις τῶν μὲν μαθητής, τῶν δ᾽ ἀκροατής, τῶν δ᾽ εὑρετὴς γένηται, καὶ πανταχόθεν προσαγάγηται καὶ συλλέξηται, δι᾽ ὧν οἷόν τ᾽ ἐστὶν ἀσκῆσαι τὴν αὑτοῦ διάνοιαν.

[3] 3-4 καὶ γεγραμμένοις Γ : om. cett. 8 ἀφέντα <σε> Bekker : ἀφέντα Ε ἀφέντες Γ ἀφελόντα σε vulg. [4] 7 εὑρετὴς Γ : εὐεργέτης cett.

[3] 게다가 자리를 함께하는 경우에는 말한 것들 중에 모르는 것이나 믿을 수 없는 것이 있으면 그 말을 했던 사람이 자리에 있기 때문에 이 두 가지에 대해 도움을 줄 수가 있지만, 글로 써서[2] 편지를 보낸 경우에는 위와 비슷한 일이 일어났을 때 바로잡아 줄 사람이 없습니다. 글을 쓴 사람이 그 자리에 없으니 편지는 조력자를 빼앗긴 셈입니다.[6)] 그렇지만 당신이 제 편지를 판단할 테니 저는 제가 꼭 필요한 뭔가를 말했다는 사실이 훤히 드러나리라는 큰 희망을 품고 있습니다. 왜냐하면 저는 지금 제가 말했던 어려움들을 〈당신이〉[3] 모두 다 내던져 버리고 행위 자체에 정신을 집중시킬 것이라고 생각하기 때문입니다.[7)]

[4] 그렇지만 당신을 찾아갔던 사람들 가운데 몇몇은 당신이 아부를 하는 사람들은 존중하지만 함께 논의를 하려는 사람들은 무시한다고 말하면서 저에게 겁을 주려고 했습니다.[8)] 그런데 제가 그들이 그런 식으로 한 말을 받아들인다면 그냥 잠자코 있을 것입니다. 그러나 지금은 아무도 견해에서나 행위에서나 그 정도까지 두각을 나타낼 수 있는 사람이 되기 위해서는 자신의 생각을 숙련시킬 수 있는 사람들을 사방팔방에서 끌어들여 함께 모아놓고, 그들의 학생이 되어 그들의 말을 경청하며 그들이 가르치는 것을 깨닫는 자[4]가 되지 않아도 된다고 저를 설득할 수는 없을 것입니다.

---

2 "글로 써서"(kai gegrammenois)라는 표현은 필사본 Γ에만 있고 다른 필사본들에는 없다.

3 주요 필사본에는 〈당신이〉라는 말이 없다. 베커(I. Bekker)가 내용상 필요하다며 채워 넣은 것인데, 받아들일 만하다.

4 필사본 Γ에는 "깨닫는 자"(heuretēs)라고 적혀 있는데 스승의 가르침을 "탐구하는 자"(searcher) 또는 "발견하는 자"(discoverer)라고도 할 수 있다. 다른 사본들에는 "선행을 베푸는 자"(euergetēs)라고 되어 있다.

[5] ἐπήρθην μὲν οὖν ἐπιστέλλειν σοι διὰ ταῦτα. λέγειν δὲ μέλλω περὶ μεγάλων πραγμάτων καὶ περὶ ὧν οὐδενὶ τῶν ζώντων ἀκοῦσαι μᾶλλον ἢ σοὶ προσήκει. καὶ μὴ νόμιζέ με προθύμως οὕτω σε παρακαλεῖν, ἵνα γένῃ συγγράμματος ἀκροατής· οὐ γὰρ οὔτ᾽ ἐγὼ τυγχάνω φιλοτίμως διακείμενος πρὸς τὰς ἐπιδείξεις οὔτε σὺ λανθάνεις ἡμᾶς ἤδη πλήρης ὢν τῶν τοιούτων.

[6] πρὸς δὲ τούτοις κἀκεῖνο πᾶσι φανερὸν, ὅτι τοῖς μὲν ἐπιδείξεως δεομένοις αἱ πανηγύρεις ἁρμόττουσιν, ἐκεῖ γὰρ ἄν τις ἐν πλείστοις τὴν αὑτοῦ δύναμιν διασπείρειεν, τοῖς δὲ διαπράξασθαί τι βουλομένοις πρὸς τοῦτον διαλεκτέον ὅστις τάχιστα μέλλει τὰς πράξεις ἐπιτελεῖν τὰς ὑπὸ τοῦ λόγου δηλωθείσας.

[5] 5 πρὸς τὰς ἐπιδείξεις Γ : om. cett.

[5] 제가 당신에게 편지를 쓰기로 마음을 먹은 것은 바로 그런 이유 때문입니다. 저는 중대한 사안에 관해 그리고 현존하는 사람들 중에 누구보다도 당신이 듣는 것이 안성맞춤인 사안에 관해 말하려고 합니다. 제가 쓴 것을 좀 들어주시길 바라는 마음에서 이렇게 당신에게 간절하게 요청한다고 생각하지는 마십시오. 저는 공명심에 사로잡혀 과시하려는 마음이 없을 뿐만 아니라[5] 당신도 그런 것들에 대해서는 이미 진력이 나 있다는 사실을 제가 모르지 않으니까요.

[6] 게다가 과시하고 싶어 하는 사람들에게는 시민대축전이 어울린다는 사실은 모든 사람들에게 분명합니다. 왜냐하면 누구라도 자신의 능력을 가장 많은 사람들 사이에서 널리 퍼뜨릴 수 있는 곳이 바로 그곳이며,[9)] 어떤 일을 끝까지 실행하기를 원하는 사람들은 행위를 가장 빨리 완수할 사람과 대화를 해야만 하기 때문입니다.[10)]

---

5 필사본 Γ에 따라 읽은 것이다. 다른 사본들에는 과시하려는 마음이라는 표현이 생략된 채로 "공명심에 사로잡혀 있지 않을 뿐만 아니라"라고만 되어 있다.

[7] εἰ μὲν οὖν μιᾷ τινι τῶν πόλεων εἰσηγούμην, πρὸς τοὺς ἐκείνης προεστῶτας τοὺς λόγους ἂν ἐποιούμην· ἐπειδὴ δ' ὑπὲρ τῆς τῶν Ἑλλήνων σωτηρίας παρεσκεύασμαι συμβουλεύειν, πρὸς τίν' ἂν δικαιότερον διαλεχθείην ἢ πρὸς τὸν πρωτεύοντα τοῦ γένους καὶ μεγίστην ἔχοντα δύναμιν;

[8] καὶ μὴν οὐδ' ἀκαίρως φανησόμεθα μεμνημένοι περὶ τούτων. ὅτε μὲν γὰρ Λακεδαιμόνιοι τὴν ἀρχὴν εἶχον, οὐ ῥᾴδιον ἦν ἐπιμεληθῆναί σοι τῶν περὶ τὸν τόπον τὸν ἡμέτερον, οὐδὲ τούτοις ἐναντία πράττειν ἅμα καὶ Καρχηδονίοις πολεμεῖν· ἐπειδὴ δὲ Λακεδαιμόνιοι μὲν οὕτω πράττουσιν ὥστ' ἀγαπᾶν ἢν τὴν χώραν τὴν αὑτῶν ἔχωσιν, ἡ δ' ἡμετέρα πόλις ἡδέως ἂν αὐτήν σοι παράσχοι συναγωνιζομένην εἴ τι πράττοις ὑπὲρ τῆς Ἑλλάδος ἀγαθόν, πῶς ἂν παραπέσοι καλλίων καιρὸς τοῦ νῦν σοι παρόντος;

[7] 따라서 제가 어떤 하나의 특정 도시국가에 제언하려는 것이라면 저는 그 나라의 지도자들에게만 말할 것입니다. 하지만 제가 헬라스인들 모두를 구하기 위해 함께 논의하려는 이상,11) 다른 그 누구보다도 우리 민족 가운데 으뜸이며 그래도 가장 큰 힘을 가진 사람과 상의를 하는 것이 더 정당한 일이 아니겠습니까?12)

[8] 그리고 이것들에 관해 제가 말씀드리는 것이 시의적절성을 벗어나는 것이 아님이 분명해질 것입니다. 라케다이몬인들[6]이 패권을 쥐고 있었을 때에는 당신이 우리 지역에 관한 일들에 신경 쓰는 것이 쉽지 않았으며 그들과 대립되는 행위를 하면서 동시에 카르케돈인들[7]과 전쟁을 치르는 것도 쉽지 않았습니다. 하지만 지금 라케다이몬인들은 자신들의 지역만 잘 보존된다면 만족이라는 식으로 행동하는 반면, 우리의 도시[8]는 당신이 헬라스에 좋은 것을 위하여 어떤 행동을 취한다면 기꺼이 당신의 동맹군이 되어줄 것이기 때문입니다. 그러니 어떻게 지금 당신이 직면한 것보다 더 아름답고 시의적절한 기회가 찾아올 수 있겠습니까?

---

6 스파르타인들

7 카르타고인들

8 아테네

[9] καὶ μὴ θαυμάσῃς, εἰ μήτε δημηγορῶν μήτε στρατηγῶν μήτ' ἄλλως δυνάστης ὢν οὕτως ἐμβριθὲς αἴρομαι πρᾶγμα καὶ δυοῖν ἐπιχειρῶ τοῖν μεγίστοιν, ὑπέρ τε τῆς Ἑλλάδος λέγειν καὶ σοὶ συμβουλεύειν. ἐγὼ γὰρ τοῦ μὲν πράττειν τι τῶν κοινῶν εὐθὺς ἐξέστην, δι' ἃς δὲ προφάσεις πολὺ ἂν ἔργον εἴη μοι λέγειν, τῆς δὲ παιδεύσεως τῆς τῶν μὲν μικρῶν καταφρονούσης, τῶν δὲ μεγάλων ἐφικνεῖσθαι πειρωμένης οὐκ ἂν φανείην ἄμοιρος γεγενημένος.

[10] ὥστ' οὐδὲν ἄτοπον, εἴ τι τῶν συμφερόντων ἰδεῖν ἂν μᾶλλον δυνηθείην τῶν εἰκῇ μὲν πολιτευομένων, μεγάλην δὲ δόξαν εἰληφότων. δηλώσομεν δ' οὐκ εἰς ἀναβολάς, εἴ τινος ἄξιοι τυγχάνομεν ὄντες, ἀλλ' ἐκ τῶν ῥηθήσεσθαι μελλόντων. . . . . .

[9] 7 ἄμοιρος Γ : ἄπειρος cett.

[9] 그리고 부디 제가 대중연설가도 아니고 장군도 아니며 다른 어떤 식으로든 유력자가 아님에도 불구하고 그토록 무거운 사안을 짊어지고 가장 중대한 두 가지 일, 즉 헬라스를 위해 말을 하는 일과 당신과 논의하는 일을 시작한다고 해도 놀라지 마십시오.13) 사실 저는 처음에는 공적인 어떤 행위에도 곧바로 관여하지 않았습니다. 그 이유를 구구절절 이야기하는 것은 저에게 아주 고된 일이 될 겁니다.14) 그 대신 저는 작은 일들은 무시하고 중요한 일들을 이루기 위해 노력하는 교육 활동에서는 손을 뗀[9] 적이 없었음은 분명합니다.

[10] 그러므로 정치적인 일들에 제멋대로 참여하면서도 커다란 평판을 얻는 사람들보다 제가 어떤 것이 유익한가를 더 잘 볼 수 있다고 해서 이상할 것은 아무것도 없습니다. 저에게 뭔가 들을 만한 가치가 있는지를 지체하지 않고 지금 곧 말하고자 하는 것에서부터 분명하게 보여드리겠습니다….15)

9 "손을 뗀"(amoiros)은 필사본 Γ를 따라 읽은 것으로 '관여하지 않았다'는 뜻이다. 다른 필사본에는 교육활동에 "경험이 없는 무지한"(apeiros)이라고 되어 있다.

2. ΦΙΛΙΠΠΩΙ Α

[1] οἶδα μὲν ὅτι πάντες εἰώθασιν πλείω χάριν ἔχειν τοῖς ἐπαινοῦσιν ἢ τοῖς συμβουλεύουσιν, ἄλλως τε κἂν μὴ κελευσθεὶς ἐπιχειρῇ τις τοῦτο ποιεῖν. ἐγὼ δ' εἰ μὲν μὴ καὶ πρότερον ἐτυγχανον σοι παρῃνεκὼς μετὰ πολλῆς εὐνοίας ἐξ ὧν ἐδόκεις μοι τὰ πρέποντα μάλιστ' ἂν σαυτῷ πράττειν, ἴσως οὐδ' ἂν νῦν ἐπεχείρουν ἀποφαίνεσθαι περὶ τῶν σοὶ συμβεβηκότων·

[2] ἐπειδὴ δὲ προειλόμην φροντίζειν τῶν σῶν πραγμάτων καὶ τῆς πόλεως ἕνεκα τῆς ἐμαυτοῦ καὶ τῶν ἄλλων Ἑλλήνων, αἰσχυνθείην ἄν, εἰ περὶ μὲν τῶν ἧττον ἀναγκαίων φαινοίμην σοι συμβεβουλευκὼς, ὑπὲρ δὲ τῶν μᾶλλον κατεπειγόντων μηδένα λόγον ποιοίμην, καὶ ταῦτ' εἰδὼς ἐκεῖνα μὲν ὑπὲρ δόξης ὄντα, ταῦτα δ' ὑπὲρ τῆς σωτηρίας, ἧς ὀλιγωρεῖν ἅπασιν ἔδοξας τοῖς ἀκούσασιν τὰς περὶ σοῦ ῥηθείσας βλασφημίας.

[2] 7 περὶ σοῦ codd. : παρὰ σοῦ Γ

2. 필립포스에게 (1)

[1] 사람은 누구나 조언하는 사람보다는 칭찬하는 사람들에게, 특히 명령을 받은 것도 아닌데 칭찬하려고 하는 사람에게 더 많이 고마워하는 습성이 있다는 것을 저는 압니다.[16)] 그런데 제가 예전에 당신에게 많은 호의를 가지고 조언을 한 적이 없었다면 또 제가 보기에 당신이 하는 게 가장 적합할 일들을 조언했던 적이 없었다면[17)] 아마 저는 지금 당신에게 일어난 일들에 관해 입장을 밝히려고 하지는 않았을 겁니다.

[2] 그런데 저는 저 자신의 도시[10]와 다른 그리스인들 때문에 당신의 일에 관한 현명한 판단을 고심하기로 선택했으므로 제가 당신에게 덜 필요한 일들에 관해서는 분명히 함께 논의를 해놓고도, 더 시급한 일을 위해서는 아무 말도 안 한다면 추해질 겁니다. 특히 앞엣것은 당신의 평판을 위한 것인 반면, 뒤엣것은 신변안전을 위한 것임을 제가 알면서도 그렇게 한다면 말입니다. 당신에 관해[11] 험담하는 것을 들었던 사람들은 누구나 당신이 신변안전을 소홀히 여긴다고 생각합니다.

---

10 아테네

11 필사본 Γ에는 "당신으로부터"(para sou)라고 되어 있으나 다른 주요 필사본들에 따라 "당신에 관해"(peri sou)라고 읽었다.

[3] οὐδεὶς γὰρ ἔστιν ὅστις οὐ κατέγνω προπετέστερόν σε διακινδυνεύειν ἢ βασιλικώτερον καὶ μᾶλλόν σοι μέλειν τῶν περὶ τὴν ἀνδρείαν ἐπαίνων ἢ τῶν ὅλων πραγμάτων. ἔστιν δ' ὁμοίως αἰσχρὸν περιστάντων τε τῶν πολεμίων μὴ διαφέροντα γενέσθαι τῶν ἄλλων, μηδεμιᾶς τε συμπεσούσης ἀνάγκης αὐτὸν ἐμβαλεῖν εἰς τοιούτους ἀγῶνας, ἐν οἷς κατορθώσας μὲν οὐδὲν ἂν ἦσθα μέγα διαπεπραγμένος, τελευτήσας δὲ τὸν βίον ἅπασαν ἂν τὴν ὑπάρχουσαν εὐδαιμονίαν συνανεῖλες.

[4] χρὴ δὲ μὴ καλὰς ἁπάσας ὑπολαμβάνειν τὰς ἐν τοῖς πολέμοις τελευτὰς ἀλλὰ τὰς μὲν ὑπὲρ τῆς πατρίδος καὶ τῶν γονέων καὶ τῶν παίδων ἐπαίνων ἀξίας, τὰς δὲ ταῦτά τε πάντα βλαπτούσας καὶ τὰς πράξεις τὰς πρότερον κατωρθωμένας καταρρυπαινούσας αἰσχρὰς νομίζειν καὶ φεύγειν ὡς αἰτίας πολλῆς ἀδοξίας γιγνομένας.

[3] 7 ἅπασαν ἂν Γ : ἅπασαν cett.

[3] 사실 당신이 좀 더 왕다운 면모를 보이는 대신 성급한 태도로 위험에 뛰어들고, 당신이 전체적인 일보다는 당신의 용기를 칭찬하는 사람들에게 관심을 두는 것에 대해 비난하지 않을 사람은 하나도 없습니다. 마찬가지로 적들이 둘러싸고 있는데도 다른 사람들보다 두각을 나타내지 못하며, 전혀 필요 없는 상황에서 만약 성공을 거둔다고 해도 대단한 성취를 거두는 것도 아니고 만약 목숨을 잃게 된다면[12] 현재 누리고 있는 모든 행복을 송두리째 파괴하게 될[13] 그런 싸움에 저 자신을 던져 넣는 것은 추한 일입니다.

[4] 그런데 전쟁터에서의 죽음이 모두 다 아름답다고 여겨서는 안 됩니다. 그 대신 조국과 부모와 자식들을 위해 찬양받을 만한 가치가 있는 죽음만을 아름답다고 여겨야만 합니다.[14] 반면 이 모두에게 해를 입히고 이전에 이루어놓은 성공적인 행위들을 더럽히는 죽음들은 추한 것이라고 생각해야만 하며 그것들이 수많은 악평의 원인이 된다고 여기면서 피해야만 합니다.

---

12 필립포스는 전투에서 여러 차례 큰 부상을 입었는데, 데모스테네스는 아테네인들에게 마케도니아에 대한 자신감을 불어넣기 위해 바로 이 점을 강조하여 말한 적이 있다. 데모스테네스의 『금관에 관하여』 67 참조.

13 필사본 Γ에 따라 "파괴하게 될"(an…sunaneiles)이라고 실제와 반대되는 가정법으로 읽는 것이 전체 문맥에서 의미로나 문법으로나 맞다. 다른 필사본은 단순 가정법으로 읽었다.("파괴하는" sunaneiles)

14 "조국과 부모와 자식들을 위해 찬양받을 만한 가치가 있는 죽음"이라는 표현은 고대 그리스에서 연설문뿐만 아니라 시가에서도 고전적이며 상투적으로 등장하는 표현이다.

[5] ἡγοῦμαι δέ σοι συμφέρειν μιμεῖσθαι τὰς πόλεις, ὃν τρόπον διοικοῦσιν τὰ περὶ τοὺς πολέμους. ἅπασαι γάρ, ὅταν στρατόπεδον ἐκπέμπωσιν, εἰώθασι τὸ κοινὸν καὶ τὸ βουλευσόμενον ὑπὲρ τῶν ἐνεστώτων εἰς ἀσφάλειαν καθιστάναι· διὸ δὴ συμβαίνει μὴ μιᾶς ἀτυχίας συμπεσούσης ἀνῃρῆσθαι καὶ τὴν δύναμιν αὐτῶν, ἀλλὰ πολλὰς ὑποφέρειν δύνασθαι συμφορὰς καὶ πάλιν αὑτὰς ἐκ τούτων ἀναλαμβάνειν.

[6] ὃ καὶ σὲ δεῖ σκοπεῖν, καὶ μηδὲν μεῖζον ἀγαθὸν τῆς σωτηρίας ὑπολαμβάνειν, ἵνα καὶ τὰς νίκας τὰς συμβαινούσας κατὰ τρόπον διοικῇς καὶ τὰς ἀτυχίας τὰς συμπιπτούσας ἐπανορθοῦν δύνῃ. ἴδοις δ' ἂν καὶ Λακεδαιμονίους περὶ τῆς τῶν βασιλέων σωτηρίας πολλὴν ἐπιμέλειαν ποιουμένους καὶ τοὺς ἐνδοξοτάτους τῶν πολιτῶν φύλακας αὐτῶν καθιστάντας, οἷς αἴσχιόν ἐστιν ἐκείνους τελευτήσαντας περιιδεῖν ἢ τὰς ἀσπίδας ἀποβαλεῖν.

[6] 3-4 καὶ τὰς···δύνῃ Γ : om. cett. del. Benseler. propter hiatum.

[5] 그리고 저는 그 도시들이 전쟁에 관련된 일들을 처리해나갔던 방식을 모방하는 것이 당신에게 유익하다고 생각합니다.[18)] 왜냐하면 그 모든 도시들은 군대를 파병할 때면 앞으로 일어날 상황들을 결정해나갈 군 지휘부는 안전한 곳에 있게 해주는 관행이 있기 때문입니다. 그런 까닭에 하나의 불운이 닥칠 때에도 그들의 힘은 깨지지 않으며, 많은 불행들을 견뎌낼 수가 있고, 그 불행들로부터 다시 자기 자신들을 일으켜 세울 수가 있는 것입니다.

[6] 바로 이 점을 당신도 잘 살펴봐야 하며 당신의 안위보다도 더 중요한 좋은 것은 없다고 생각해야 합니다. 그래야 당신이 순조롭게 승리를 거둘 수가 있으며, 불운이 생겨도 상황을 바로잡을 수가 있습니다.[15] 또한 당신은 라케다이몬인들이 왕들의 안위를 시시때때로 돌보며[16] 시민들 중에서 가장 평판이 좋은 사람들을 왕들의 호위병으로 세워두는 것을 볼 수 있을 겁니다.[19)] 그들에게는 방패를 내던지는 것보다도 왕들이 죽임을 당하는데도 곁에서 보고만 있는 것이 더 추한 일입니다.[20)]

---

15 "불운이 생겨도 상황을 바로잡을 수가 있습니다."는 필사본 Γ를 따라 읽은 것이다. 다른 사본에는 이 부분이 빠졌으며, 벤슬러(Benseler)는 위에 비슷한 내용이 나오는데 반복하는 것은 내용의 연결을 끊는 것(hiatus)이라고 봐서 지웠다. 마티유와 브레몽도 이에 동의하여 [ ]에 묶어 편집했다.

16 『필립포스에게』(연설문) 80에서도 같은 내용을 상기시킨 바 있다.

[7] ἀλλὰ μὴν οὐδ᾽ ἐκεῖνά σε λέληθεν, ἃ Ξέρξῃ τε τῷ καταδουλώσασθαι τοὺς Ἕλληνας βουληθέντι καὶ Κύρῳ τῷ τῆς βασιλείας ἀμφισβητήσαντι συνέπεσεν. ὁ μὲν γὰρ τηλικαύταις ἥτταις καὶ συμφοραῖς περιπεσὼν ἡλίκας οὐδεὶς οἶδεν ἄλλοις γενομένας, διὰ τὸ περιποιῆσαι τὴν αὑτοῦ ψυχὴν τήν τε βασίλειαν κατέσχεν καὶ τοῖς παισὶν τοῖς αὑτοῦ παρέδωκεν καὶ τὴν Ἀσίαν οὕτω διῴκησεν ὥστε μηδὲν ἧττον αὐτὴν εἶναι φοβερὰν τοῖς Ἕλλησιν ἢ πρότερον·

[8] Κῦρος δὲ νικήσας ἅπασαν τὴν βασιλέως δύναμιν καὶ κρατήσας <ἂν> τῶν πραγμάτων εἰ μὴ διὰ τὴν αὑτοῦ προπέτειαν, οὐ μόνον αὑτὸν ἀπεστέρησεν τηλικαύτης δυναστείας, ἀλλὰ καὶ τοὺς συνακολουθήσαντας εἰς τὰς ἐσχάτας συμφορὰς κατέστησεν. ἔχοιμι δ᾽ ἂν παμπληθεῖς εἰπεῖν οἳ μεγάλων στρατοπέδων ἡγεμόνες γενόμενοι διὰ τὸ προδιαφθαρῆναι πολλὰς μυριάδας αὑτοῖς συναπώλεσαν.

[7] 4 οἶδεν ἄλλοις Bekker : οὐδ᾽ ενάλλαις ΓΕ : ἄλλος οἶδε vulg. [8] 2 ἂν add. Sauppe

[7] 그러나 당신은 헬라스인들을 노예로 삼아 밑에 두기를 원했던 크세르크세스와 왕권을 차지하려고 분쟁을 일으켰던 퀴로스에게 일어났던 그 일들을 모르지 않을 겁니다. 크세르크세스는 다른 사람들에게 그런 식으로 일어난 것을 아무도 본 적이 없을 만큼 엄청나게 큰 패배와 불행에 직면했음에도 불구하고 자신의 목숨을 부지하였기 때문에 왕권을 보전하였고 자기 자식들에게 넘겨주었으며, 아시아를 잘 운영하여 아시아가 헬라스인들에게 그것이 그 이전에 못지않게 위협적인 존재로 건재할 수 있도록 해주었던 것입니다.[21)]

[8] 반면 퀴로스는 승리를 거둠으로써 왕의 군사력 전체를 쟁취하였기에 경솔하게 서두르지만 않았더라도 사태를 완전히 장악할 수도 있을 테지만[17] 그러지 못해서 자신은 결국 엄청난 군사력을 잃었을 뿐만 아니라 따르던 사람들을 극단적인 불행 속으로 빠뜨리고 말았던 것입니다.[22)] 저는 대규모 군대들의 지휘관이 되고도 생각보다 일찍 죽는 바람에 자신들과 함께 했던 수많은 무리들도 같이 죽음에 이르게 했던 사람들을 아주 많이 열거할 수 있습니다.

---

17 필사본대로 읽으면 사실처럼 기술되기 때문에 사우페(Sauppe)는 과거 사실의 반대를 나타내는 조건문이 되도록 "ἄν"을 집어 넣었다. 사우페의 독법에 따라 번역하였다.

[9] ὧν ἐνθυμούμενον χρὴ μὴ τιμᾶν τὴν ἀνδρείαν τὴν μετ' ἀνοίας ἀλογίστου καὶ φιλοτιμίας ἀκαίρου γιγνομένην, μηδὲ πολλῶν κινδύνων ἰδίων ὑπαρχόντων ταῖς μοναρχίαις ἑτέρους ἀδόξους καὶ στρατιωτικοὺς αὑτῷ προσεξευρίσκειν, μηδ' ἁμιλλᾶσθαι τοῖς ἢ βίου δυστυχοῦς ἀπαλλαγῆναι βουλομένοις ἢ μισθοφορᾶς ἕνεκα μείζονος εἰκῇ τοὺς κινδύνους προαιρουμένοις,

[10] μηδ' ἐπιθυμεῖν τοιαύτης δόξης, ἧς πολλοὶ καὶ τῶν Ἑλλήνων καὶ τῶν βαρβάρων τυγχάνουσιν, ἀλλὰ τῆς τηλικαύτης τὸ μέγεθος, ἣν μόνος ἂν τῶν νῦν ὄντων κτήσασθαι δυνηθείης· μηδ' ἀγαπᾶν λίαν τὰς τοιαύτας ἀρετὰς ὧν καὶ τοῖς φαύλοις μέτεστιν, ἀλλ' ἐκείνας ὧν οὐδεὶς ἂν πονηρὸς κοινωνήσειεν·

[9] 2 ἀλογίστου Γ : om. cett.

[9] 이런 것들을 곰곰이 따져보면서[23)] 생각 없고 비합리적이며[18] 시의적절함도 없는 공명심에서 생겨나는 용기를 존중해서는 안 됩니다. 전제군주정에 고유한 위험들[19]이 이미 많이 있는데도 좋은 평판과도 무관하며 사병들이나 뛰어드는 다른 위험들을 당신 자신에게 추가로 찾으려 하지 마십시오. 또한 비참한 삶에서 벗어나고 싶어 하는 사람들이나 더 큰 보수를 얻으려고 함부로 위험을 선택하는 사람들[20]과 경쟁해서도 안 됩니다.

[10] 헬라스인들이나 이방인[24)]들의 많은 수가 누리는 그런 종류의 평판을 마음에 두지 말고, 지금 있는 사람들 중에 오직 당신만이 가질 수 있는 그런 크기의 평판을 마음에 둬야 합니다. 비천한 사람들도 공유할 수 있는 그런 종류의 덕[25)]을 너무 좋아하지 말고 사악한[21] 사람은 그 누구도 함께할 수 없는 그런 덕을 좋아해야 합니다.[26)]

---

18 "비합리적이며"(alogistou)는 '비논리적으로는' 또는 '합리적 계산 없이'라고 이해된다. 필사본 Γ에 따라 읽은 것인데, 다른 필사본에는 이 단어가 없다.

19 전제군주정에서는 모든 권력이 군주에게 있기 때문에 군주가 위험에 빠져 부상을 당하거나 전사한다면 군 전체가 위험에 빠진다. 이런 위험이 전제군주정에 고유한 위험이다.

20 보수를 받고 전쟁에 참여하는 용병들

21 또는 "못난". "사악한"(ponēros)은 이 문맥 안에서는 앞에 나온 "비천한"(phaulois)과 거의 같은 의미로 쓰였다고 볼 수 있다.

[11] μηδὲ ποιεῖσθαι πολέμους ἀδόξους καὶ χαλεπούς, ἐξὸν ἐντίμους καὶ ῥᾳδίους, μηδ᾽ ἐξ ὧν τοὺς μὲν οἰκειοτάτους εἰς λύπας καὶ φροντίδας καταστήσεις, τοὺς δ᾽ ἐχθροὺς ἐν ἐλπίσιν μεγάλαις ποιήσεις, οἵας καὶ νῦν αὐτοῖς παρέσχες ἀλλὰ τῶν μὲν βαρβάρων, πρὸς οὓς νῦν πολεμεῖς, ἐπὶ τοσοῦτον ἐξαρκέσει σοι κρατεῖν, ὅσον ἐν ἀσφαλείᾳ καταστῆσαι τὴν σαυτοῦ χώραν, τὸν δὲ <βασιλέα τὸν> νῦν μέγαν προσαγορευόμενον καταλύειν ἐπιχειρήσεις, ἵνα τήν τε σαυτοῦ δόξαν μείζω ποιήσῃς καὶ τοῖς Ἕλλησιν ὑποδείξῃς πρὸς ὃν χρὴ πολεμεῖν.

[12] πρὸ πολλοῦ δ᾽ ἂν ἐποιησάμην ἐπιστεῖλαί σοι ταῦτα πρὸ τῆς στρατείας, ἵν᾽ εἰ μὲν ἐπείσθης, μὴ τηλικούτῳ κινδύνῳ περιέπεσες, εἰ δ᾽ ἠπίστησας, μὴ συμβουλεύειν ἐδόκουν ταὐτὰ τοῖς ἤδη διὰ τὸ πάθος ὑπὸ πάντων ἐγνωσμένοις, ἀλλὰ τὸ συμβεβηκὸς ἐμαρτύρει τοὺς λόγους ὀρθῶς ἔχειν τοὺς ὑπ᾽ ἐμοῦ περὶ αὐτῶν εἰρημένους.

[11] 7 βασιλέα τὸν add. Blass collat Ep. III. 5. [12] 3 ἠπίστησας Γ : ἠπείθησας vulg.

[11] 존경받을 만하면서도 수월한 전쟁이 있는데도 아무런 평판도 없이[22] 어렵기만 한 전쟁을 해서는 안 됩니다. 또 당신과 가장 가까운 사람들은 고통과 근심 속에 몰아넣으면서 적들을 크나큰 희망 속에 있게 만들 전쟁을 해서는 안 됩니다. 하긴 지금도 당신은 적들에게 그런 희망을 주고 있지만요. 그 대신 지금 당신이 전쟁을 벌이는 이방인들에 대해서는 당신 자신의 영토를 확실하게 지키는 선에서 장악력을 갖는 것으로 할 것이며, 당신 자신의 평판을 위대하게 만들면서 헬라스인들에게 누구와 전쟁을 해야 하는지를 보여줄 수 있으려면 당신은 지금 '대왕'[23]이라고 불리는 그 왕을 무너뜨리려는 시도를 하게 될 것입니다.

[12] 저는 당신이 군사원정을 떠나기 전에 당신에게 이 내용의 편지를 쓰는 것이 매우 중요하다고 여겨야 했습니다. 그래서 당신이 제 말에 설득되었더라면 그런 큰 위기를 겪지 않게 했을 테고, 당신이 저를 안 믿었다면 저는 당신이 겪는 고통 때문에 이미 모든 사람들이 인정하는 것과 똑같은 조언을 하는 것으로 보이진 않았을 테니까요. 그러나 결과는 제가 그것에 관해 했던 말이 옳았음을 증언해주었습니다.

---

22 '아무런 평판도 없다'(adoxous)는 것은 '좋은 평판을 하나도 듣지 못한다'는 뜻이다.

23 페르시아 왕을 가리킨다. 이소크라테스가 이 편지를 쓸 때(기원전 342년경)에는 아르타크세르크세스 3세가 페르시아 제국의 왕이었다. 그는 첫 번째 페르시아 제국이라 할 수 있는 '아카이메니드'(=haxāmanišiya) 제국의 11대 왕이었으며 이집트의 31번째 왕조의 첫 번째 파라오이기도 했다. 필사본에는 '왕'(basolea ton)이라는 표현이 없이 '대(大)'(megan)만 있는데, 블라스(Blass)가 필립포스에게 보내는 두 번째 편지 5와 대조하여 'basolea ton'을 채워넣었다.

[13] πολλὰ δ᾽ ἔχων εἰπεῖν διὰ τὴν τοῦ πράγματος φύσιν παύσομαι λέγων· οἶμαι γὰρ καὶ σὲ καὶ τῶν ἑταίρων τοὺς σπουδαιοτάτους ῥᾳδίως ὁπόσ᾽ ἂν βούλησθε προσθήσειν τοῖς εἰρημένοις. πρὸς δὲ τούτοις φοβοῦμαι τὴν ἀκαιρίαν· καὶ γὰρ νῦν κατὰ μικρὸν προϊὼν ἔλαθον ἐμαυτὸν οὐκ εἰς ἐπιστολῆς συμμετριαν, ἀλλ᾽ εἰς λόγου μῆκος ἐξοκείλας.

[14] οὐ μὴν ἀλλὰ καίπερ τούτων οὕτως ἐχόντων οὐ παραλειπτέον ἐστὶν τὰ περὶ τῆς πόλεως, ἀλλὰ πειρατέον παρακαλέσαι σε πρὸς τὴν οἰκειότητα καὶ τὴν χρῆσιν αὐτῆς. οἶμαι γὰρ πολλοὺς εἶναι τοὺς ἀπαγγέλλοντας καὶ λέγοντας οὐ μόνον τὰ δυσχερέστατα τῶν περὶ σοῦ παρ᾽ ἡμῖν εἰρημένων, ἀλλὰ καὶ παρ᾽ αὑτῶν προστιθέντας· οἷς οὐκ εἰκὸς προσέχειν τὸν νοῦν.

[13] 4 ἀκαιρίαν Γ : ἀκριβείαν Ε vulg.

[13] 사안의 본성 때문에 할 말은 많지만 말을 그만하겠습니다. 저는 당신과 당신의 동료들 중에 가장 고귀한 자들이[27)] 쉽게 당신들이 원하는 만큼을 제가 말한 것에 덧붙일 거라고 생각하기 때문입니다. 게다가 시의성을 놓치는 것[24]이 두렵습니다. 지금도 저는 글을 써나가면서 조금씩 저 자신이 편지의 균형을 맞추는 쪽으로 가지 않고 말의 크기를 부풀리는 쪽으로 벗어나고 있다는 것을 모르지 않습니다.

[14] 그런데 사정이 그렇더라도 이 도시[25]에 관한 일들을 옆으로 밀어놓아서는 안 되며, 오히려 당신에게 이 도시와의 친선과 관계를 도모하는 쪽으로 당신을 권고해야 합니다. 왜냐하면 저는 많은 사람들이 당신에 관해 우리 쪽에서 말하는 것들 가운데 가장 불쾌한 것들만 전달하지 않고 자기들 쪽에서 말을 덧붙여 전달한다고 생각하기 때문입니다. 그들에게 신경을 쓰는 것은 그럴듯한 일[26]이 아닙니다.

24 '시의성을 놓치는 것'(akairia)은 이소크라테스의 교육과 철학, 수사학에서 가장 중요하게 여기는 '시의적절성'(kairos)과 대립되는 개념이므로, 그가 이 개념에 충실한가 아닌가를 가장 조심하고 경계하는 것은 당연하다. 필사본 E에는 '정확성'(akribeian)이라고 적혀 있다.

25 아테네

26 "그럴듯한 일"(eikos)은 많은 사람들에게 좋아 보이고 통념에 잘 어울린다는 뜻이다. 개연성이 높다는 뜻으로도 쓰인다.

[15] καὶ γὰρ ἂν ἄτοπον ποιοίης, εἰ τὸν μὲν δῆμον τὸν ἡμέτερον ψέγοις ὅτι ῥᾳδίως πείθεται τοῖς διαβάλλουσιν, αὐτὸς δὲ φαίνοιο πιστεύων τοῖς τὴν τέχνην ταύτην ἔχουσιν, καὶ μὴ γιγνώσκοις ὡς ὅσῳπερ ἂν τὴν πόλιν εὐαγωγοτέραν ὑπὸ τῶν τυχόντων οὖσαν ἀποφαίνωσιν, τοσούτῳ μᾶλλον σοι συμφερόντως ἔχουσαν αὐτὴν ἐπιδεικνύουσιν. εἰ γὰρ οἱ μηδὲν ἀγαθὸν οἷοί τ' ὄντες ποιῆσαι διαπράττονται τοῖς λόγοις ὅτι ἂν βουληθῶσιν, ἦ πού σέ γε προσήκει τὸν πλεῖστ' ἂν ἔργῳ δυνάμενον εὐεργετῆσαι μηδενὸς ἀποτυχεῖν παρ' ἡμῶν.

[16] ἡγοῦμαι δὲ δεῖν πρὸς μὲν τοὺς πικρῶς τῆς πόλεως ἡμῶν κατηγοροῦντας ἐκείνους ἀντιτάττεσθαι τοὺς πάντα τἀναντί' εἶναι λέγοντας καὶ τοὺς μήτε μεῖζον μήτ' ἔλαττον αὐτὴν ἠδικηκέναι φάσκοντας· ἐγὼ δ' οὐδὲν ἂν εἴποιμι τοιοῦτον· αἰσχυνθείην γὰρ ἄν, εἰ τῶν ἄλλων μηδὲ τοὺς θεοὺς ἀναμαρτήτους εἶναι νομιζόντων αὐτὸς τολμῴην λέγειν ὡς οὐδὲν πώποθ' ἡ πόλις ἡμῶν πεπλημμέληκεν.

[16] 2-3 πάντα τἀναντί' εἶναι Coraïs, Capps : τε ταῦτ' εἶναι ΓΕ : γε ταύτης εἶναι vulg. :

[15] 그리고 당신이 우리 대중은 비방을 일삼는 자들에게 쉽게 설득당한다고 비난하면서[27] 정작 당신 자신이 그런 기술[28)]을 가진 사람들을 신뢰하는 것으로 드러난다면, 그리고 사람들이 이 도시는 누가 맡아서 운영해도 잘 돌아간다는 사실을 분명하게 보여준다면 그만큼 더 많이 이 도시가 당신에게 유익하다는 사실을 드러내 보여주는 것임을 만약 당신이 알지 못한다면 당신은 정말 이상한 일을 하게 되는 겁니다. 왜냐하면 만약 좋은 일은 하나도 할 수 없는 사람들이 자신들이 원하는 것은 무엇이든 말로 실행해낸다면, 분명 실제 행동으로 좋은 일을 해낼 수 있는 사람인 당신이 우리와 함께할 때 어떤 일에도 실패하지 않으리라는 것은 당연한 일이기 때문입니다.

[16] 그런데 저는 우리 도시를 사납게 비판하는 사람들과 모든 것이 정반대라고 말하는 사람들,[29)] 즉 우리 도시가 크든 작든 간에 해악한 부정을 저지른 적이 없다고 말하는 사람들을 대면시켜야 한다고 생각합니다. 하지만 저는 그런 말은 하지 않을 것입니다. 다른 사람들은 신들이 조금의 실수도 저지르지 않는다고 생각하지 않는데, 제가 직접 나서서 우리 도시는 단 한 번의 잘못도 범한 적이 없다고 감히 말한다면 저는 창피를 당할 것이기 때문입니다.

---

27 실제로 데모스테네스와 같은 반(反)마케도니아 진영의 연설가들은 필립포스의 야욕과 행동을 강력하게 비판하였고, 아테네의 시민들은 그들의 연설에 설득되어 필립포스를 경계하고 대항하려고 하였다.

[17] οὐ μὴν ἀλλ' ἐκεῖν' ἔχω περὶ αὐτῆς εἰπεῖν, ὅτι χρησιμωτέραν οὐκ ἂν εὕροις ταύτης οὔτε τοῖς Ἕλλησιν οὔτε τοῖς σοῖς πράγμασιν· ᾧ μάλιστα προσεκτέον τὸν νοῦν ἐστιν. οὐ γὰρ μόνον συναγωνιζομένη γίγνοιτ' ἂν αἰτία σοι πολλῶν ἀγαθῶν, ἀλλὰ καὶ φιλικῶς ἔχειν δοκοῦσα μόνον·

[18] τούς τε γὰρ ὑπὸ σοὶ νῦν ὄντας ῥᾳον ἂν κατέχοις εἰ μηδεμίαν ἔχοιεν ἀποστροφὴν, τῶν τε βαρβάρων οὓς βουληθείης θᾶττον ἂν καταστρέψαιο. καίτοι πῶς οὐ χρὴ προθύμως ὀρέγεσθαι τῆς τοιαύτης εὐνοίας, δι' ἣν οὐ μόνον τὴν ὑπάρχουσαν ἀρχὴν ἀσφαλῶς καθέξεις, ἀλλὰ καὶ πολλὴν ἑτέραν ἀκινδύνως προσκτήσει;

[17] 그렇지만 저는 우리 도시에 관해 이것을 말할 수 있습니다. 즉, 당신은 헬라스인들을 위해서도 당신의 과업을 위해서도 우리 도시보다 더 유익한 도시를 찾을 수 없다는 것입니다. 당신은 이것에 특별히 신경을 써야 합니다. 아테네는 당신과 함께 싸울 때뿐 아니라 단순히 친한 사이로 보일 때조차도 당신에게 좋은 것들을 많이 제공할 수 있기 때문입니다.

[18] 실제로 당신은 지금 당신 휘하에 있는 사람들도 그들이 몸을 둘 만한 곳이 없다면 쉽게 붙들어 둘 수가 있을 것이며,[30] 이방인들 가운데에서도 당신이 원하는 사람들을 보다 빨리 처치할 수 있을 것입니다. 그런데 어떻게 당신이 지금 있는 패권을 안전하게 유지할 수 있도록 해줄 뿐만 아니라 다른 많은 패권도 위험을 겪지 않고 획득할 수 있게 해주는 우리 도시의 그런 호의를 열정적으로 잡으려고 하지 않을 수 있겠습니까?

[19] θαυμάζω δ᾽ ὅσοι τῶν τὰς δυνάμεις ἐχόντων τὰ μὲν τῶν ξενιτευομένων στρατόπεδα μισθοῦνται καὶ χρήματα πολλὰ δαπανῶσιν, συνειδότες ὅτι πλείους ἠδίκηκε τῶν πιστευσάντων αὐτοῖς ἢ σέσωκεν, τὴν δὲ πόλιν τὴν τηλικαύτην δύναμιν κεκτημένην μὴ πειρῶνται θεραπεύειν, ἣ καὶ μίαν ἑκάστην τῶν πόλεων καὶ σύμπασαν τὴν Ἑλλάδα πολλάκις ἤδη σέσωκεν.

[20] ἐνθυμοῦ δ᾽ ὅτι πολλοῖς καλῶς βεβουλεῦσθαι δοκεῖς ὅτι δικαίως κέχρησαι Θετταλοῖς καὶ συμφερόντως ἐκείνοις, ἀνδράσιν οὐκ εὐμεταχειρίστοις, ἀλλὰ μεγαλοψύχοις καὶ στάσεως μεστοῖς. χρὴ τοίνυν καὶ περὶ ἡμᾶς πειρᾶσθαι γίγνεσθαί σε τοιοῦτον, ἐπιστάμενον ὅτι τὴν μὲν χώραν Θετταλοί, τὴν δὲ δύναμιν ἡμεῖς ὅμορόν σοι τυγχάνομεν ἔχοντες, ἣν ἐκ παντὸς τρόπου ζήτει προσαγαγέσθαι.

[19] 그런데 저는 놀랍습니다. 힘 있는 자들 중 상당수가 용병으로 구성된 군대를 고용하고 그렇게 많은 돈을 쓰면서도 우리 도시에는 신경조차 쓰지 않기 때문입니다. 그들은 용병들이 자신들을 믿어주는 사람들을 구하기보다는 그보다 더 많은 사람들에게 부정을 저질렀던 반면,[28] 우리 도시는 헬라스의 도시 하나하나와 헬라스 전체를 이미 여러 차례 구해주었던 강력한 힘을 가지고 있는데도 말입니다.[31)]

[20] 곰곰이 따져보십시오. 테살리아인들이 다루기 쉽지 않을 뿐더러 거만한 마음에 어깃장을 잘 놓는데도[29] 당신이 그들과 정당한 관계를 맺고 그들에게 유익하게 지낸다는 사실 때문에[30] 많은 사람들에게는 당신이 아름답게 결정하는 것으로 보인다는 것을 말입니다. 하지만 영토에서는 테살리아인들이 당신과 가깝지만 힘에서는 우리가 당신과 가깝다는 것을 당신이 알고 있으니 우리에 관해서도 그런 태도를 갖도록 노력해야 합니다. 그리고 모든 방법을 동원해서 우리의 힘을 끌어들일 길을 찾으십시오.

---

28 용병에 대한 비판적인 어조는 이미 9에서도 나온 바 있다. 『필립포스에게』(연설문)의 120-121에서도 용병에 대한 비난과 경멸이 묘사되었다.

29 '당파적인 이익에 따라 행동한다'(factious)는 뜻에서(Papillon, T. L., 2004, *Isocrates* II, University of Texas Press, p. 255) 화합 대신 어깃장을 놓는다는 것이다.

30 『필립포스에게』(연설문) 20에서 이소크라테스는 테살리아인들이 자신들의 동료보다도 필립포스를 더 신뢰한다(pisteuein)고 말했다.

[21] πολὺ γὰρ κάλλιόν ἐστιν τὰς εὐνοίας τὰς τῶν πόλεων αἱρεῖν ἢ τὰ τείχη. τὰ μὲν γὰρ τοιαῦτα τῶν ἔργων οὐ μόνον ἔχει φθόνον, ἀλλὰ καὶ τῶν τοιούτων τὴν αἰτίαν τοῖς στρατοπέδοις ἀνατιθέασιν· ἢν δὲ τὰς οἰκειότητας καὶ τὰς εὐνοίας κτήσασθαι δυνηθῇς, ἅπαντες τὴν σὴν διάνοιαν ἐπαινέσονται.

[22] δικαίως δ᾽ ἄν μοι πιστεύοις οἷς εἴρηκα περὶ τῆς πόλεως· φανήσομαι γὰρ οὔτε κολακεύειν αὐτὴν ἐν τοῖς λόγοις εἰθισμένος, ἀλλὰ πλεῖστα πάντων ἐπιτετιμηκώς, οὔτ᾽ εὖ παρὰ τοῖς πολλοῖς καὶ τοῖς εἰκῇ δοκιμάζουσιν φερόμενος, ἀλλ᾽ ἀγνοούμενος ὑπ᾽ αὐτῶν καὶ φθονούμενος ὥσπερ σύ. πλὴν τοσοῦτον διαφέρομεν ὅτι πρὸς σὲ μὲν διὰ τὴν δύναμιν καὶ τὴν εὐδαιμονίαν οὕτως ἔχουσιν, πρὸς δ᾽ ἐμὲ διότι προσποιοῦμαι τὸ βέλτιον αὐτῶν φρονεῖν καὶ πλείους ὁρῶσιν ἐμοὶ διαλέγεσθαι βουλομένους ἢ σφίσιν αὐτοῖς.

[21] 왜냐하면 도시들의 호의를 얻는 것은 성채를 얻는 것보다 훨씬 더 아름다운 일이기 때문입니다.[32)] 실제로 뒤엣것과 같은 업적들은 질투심을 유발할 뿐만 아니라 그런 일들이 일어난 것은 당신의 군대가 있었기 때문이라고 주장할 것입니다. 반면에 만약 당신이 친선과 호의를 재산으로 얻을 수만 있다면 모든 사람들은 당신의 생각에 대해서 찬사를 보낼 것입니다.

[22] 당신은 우리 도시에 관해 제가 말한 것에 대해 저를 정당하게 믿을 수 있습니다. 저는 말로써 우리 도시를 습관적으로 미화하지는 않습니다. 반대로 모든 사람 가운데 가장 많이 비난했으며,[31] 많은 사람들, 특히 제멋대로 의견을 내는 사람들 사이에서 좋은 대접을 받지 못했고 반대로 그들에게 무시를 당했으며 당신처럼 질시를 받았음이 드러날 것이기 때문입니다. 우리의 유일한 차이는 그들이 그런 태도를 보이는 이유가 당신에 대해서는 당신의 힘과 행복 때문인 반면에 저에 대해서는 제가 그들보다 더 좋은 것을 현명하게 판단한다고 주장하며 많은 사람들이 그들 자신보다는 저와 대화하고 싶어 한다는 것을 그들이 보아 왔기 때문이라는 것입니다.

---

31 『아레오파고스 연설』과 『평화에 관하여』(특히 13-14, 41-60), 『교환소송에 관하여』(63-65)를 가리키는 것이다. 이소크라테스는 특히 아테네 민주정의 과도한 부분과 기원전 5세기에 독재적인 패권을 행사한 것에 관해 잘못을 지적하곤 했다.

[23] ἠβουλόμην δ᾽ ἂν ἡμῖν ὁμοίως ῥᾴδιον εἶναι τὴν δόξαν ἣν ἔχομεν παρ᾽ αὐτοῖς διαφεύγειν. νῦν δὲ σὺ μὲν οὐ χαλεπῶς, ἢν βουληθῇς, αὐτὴν διαλύσεις, ἐμοὶ δ᾽ ἀνάγκη καὶ διὰ τὸ γῆρας καὶ δι᾽ ἄλλα πολλὰ στέργειν τοῖς παροῦσιν.

[24] οὐκ οἶδ᾽ ὅτι δεῖ πλείω λέγειν, πλὴν τοσοῦτον ὅτι καλόν ἐστιν τὴν βασιλείαν καὶ τὴν εὐδαιμονίαν τὴν ὑπάρχουσαν ὑμῖν παρακαταθέσθαι τῇ τῶν Ἑλλήνων εὐνοίᾳ.

[23] 그런데 저는 우리가 그들로부터 얻는, 이 평판을 피해 가는 일이 우리에게 똑같이 쉬운 일이길 원하고 있습니다. 하지만 지금 당신은 당신이 원한다면 어렵지 않게 그 평판을 해소하겠지만 저는 노령이라는 점과 다른 많은 이유들 때문에 지금 현재 상태에 만족해야만 합니다.

[24] 저는 무슨 말을 더 해야만 할지 모르겠지만 이것만은 말해야겠습니다. 즉, 당신들에게 현재 있는 왕권과 행복을 헬라스인들의 호의에 맡기는 것은 아름다운 일이라는 것 말입니다.

3. ΦΙΛΙΠΠΩΙ Β

[1] ἐγὼ διελέχθην μὲν καὶ πρὸς Ἀντίπατρον περί τε τῶν τῇ πόλει <καὶ τῶν> σοὶ συμφερόντων, ἐξαρκούντως ὡς ἐμαυτὸν ἔπειθον, ἠβουλήθην δὲ καὶ πρὸς σὲ γράψαι, περὶ ὧν μοι δοκεῖ πρακτέον εἶναι μετὰ τὴν εἰρήνην, παραπλήσια μὲν τοῖς ἐν τῷ λόγῳ γεγραμμένοις, πολὺ δ᾿ ἐκείνων συντομώτερα.

[2] κατ᾿ ἐκεῖνον μὲν γὰρ τὸν χρόνον συνεβούλευον ὡς χρὴ διαλλάξαντά σε τὴν πόλιν τὴν ἡμετέραν καὶ τὴν Λακεδαιμονίων καὶ τὴν Θηβαίων καὶ τὴν Ἀργείων εἰς ὁμόνοιαν καταστῆσαι τοὺς Ἕλληνας, ἡγούμενος, ἂν τὰς προεστώσας πόλεις πείσῃς οὕτω φρονεῖν, ταχέως καὶ τὰς ἄλλας ἐπακολουθήσειν. τότε μὲν οὖν ἄλλος ἦν καιρός, νῦν δὲ συμβέβηκεν μηκέτι δεῖν πείθειν· διὰ γὰρ τὸν ἀγῶνα τὸν γεγενημένον ἠναγκασμένοι πάντες εἰσὶν εὖ φρονεῖν καὶ τούτων ἐπιθυμεῖν ὧν ὑπονοοῦσιν σε βούλεσθαι πράττειν καὶ λέγειν, ὡς δεῖ παυσαμένους τῆς μανίας καὶ τῆς πλεονεξίας ἣν ἐποιοῦντο πρὸς ἀλλήλους, εἰς τὴν Ἀσίαν τὸν πόλεμον ἐξενεγκεῖν.

Φιλίππῳ Γ : Ἰσοκράτης Φιλίππῳ χαίρειν E vulg.

[1] 2 <καὶ τῶν> σοὶ συμφερόντων Bekker : σοὶ συμφερόντων Γ : συμφερόντων καὶ σοὶ vulg.

3. 필립포스에게 (2)

[1] 저는 안티파테르에게도 우리 도시[32]와 당신에게 이익이 될 것들에 관해 스스로 만족할 만큼 충분하게 의논한 적이 있는데,[33)] 당신에게도 평화조약 체결 이후에 실행해야만 할 것들에 관한 제 의견을 쓰고 싶었습니다. 그 내용은 지난 번 연설문[33]에서 쓴 것과 유사하지만 그것보다는 훨씬 더 간결합니다.

[2] 그 당시 저는 당신이 우리 도시와 라케다이몬인들의 도시와 테베인들의 도시와 아르고스인들의 도시를 중재하고 헬라스인들을 한마음 한뜻이 되게 해야 한다고 조언을 드렸습니다.[34)] 당신이 선도적인 도시들을 설득해서 그런 판단을 현명한 일로 받아들이게 한다면 다른 도시들도 신속하게 따라오리라고 생각했던 것입니다.[34] 그런데 그때는 그런 시기였고 이젠 달라졌으며 더 이상 설득할 필요가 없게 되었습니다. 이미 벌어진 전투[35] 때문에 모든 사람들은 다음 두 가지를 강요당한 상태에 있기 때문입니다. 첫째, 현명한 판단을 잘 내려야 한다는 것, 둘째, 당신이 실행하고 말하고 싶어 할 것이라고 그들이 짐작하는 것, 즉 그들이 서로에 대해 자행하는 광기와 더 많이 가지려는 탐욕을 멈추고 아시아를 겨냥한 전쟁을 수행해야만 한다는 것을 열망할 수밖에 없다는 것입니다.

---

32 아테네

33 기원전 346년, 이소크라테스가 90세의 나이에 썼던 『필립포스에게』(연설문).

34 『필립포스에게』(연설문) 31에서는 좀 더 분명하게 표현된 바 있다.

35 기원전 338년 8월에 벌어진 카이로네이아 전투를 가리킨다. 이 전투로 필립포스는 그리스에 대한 지배권을 완전히 장악하게 되었다.

[3] καὶ πολλοὶ πυνθάνονται παρ' ἐμοῦ πότερον ἐγώ σοι παρῄνεσα ποιεῖσθαι τὴν στρατείαν τὴν ἐπὶ τοὺς βαρβάρους ἢ σοῦ διανοηθέντος συνεῖπον· ἐγὼ δ' οὐκ εἰδέναι μέν φημι τὸ σαφές, οὐ γὰρ συγγεγενῆσθαί σοι πρότερον, οὐ μὴν ἀλλ' οἴεσθαι σὲ μὲν ἐγνωκέναι περὶ τούτων, ἐμὲ δὲ συνειρηκέναι ταῖς σαῖς ἐπιθυμίαις. ταῦτα δ' ἀκούοντες ἐδέοντό μου πάντες παρακελεύεσθαί σοι καὶ προτρέπειν ἐπὶ τῶν αὐτῶν τούτων μένειν, ὡς οὐδέποτ' ἂν γενομένων οὔτε καλλιόνων ἔργων οὔτ' ὠφελιμωτέρων τοῖς Ἕλλησιν οὔτ' ἐν καιρῷ μᾶλλον πραχθησομένων.

[4] εἰ μὲν οὖν εἶχον τὴν αὐτὴν δύναμιν ἥνπερ πρότερον καὶ μὴ παντάπασιν ἦν ἀπειρηκώς, οὐκ ἂν δι' ἐπιστολῆς διελεγόμην, ἀλλὰ παρὼν αὐτὸς παρώξυνον ἄν σε καὶ παρεκάλουν ἐπὶ τὰς πράξεις ταύτας. νῦν δ' ὡς δύναμαι παρακελεύομαί σοι μὴ καταμελῆσαι τούτων, πρὶν ἂν τέλος ἐπιθῇς αὐτοῖς. ἔστι δὲ πρὸς μὲν ἄλλο τι τῶν ὄντων ἀπλήστως ἔχειν οὐ καλόν· αἱ γὰρ μετριότητες παρὰ τοῖς πολλοῖς εὐδοκιμοῦσιν· δόξης δὲ μεγάλης καὶ καλῆς ἐπιθυμεῖν καὶ μηδέποτ' ἐμπίπλασθαι προσήκει τοῖς πόλυ διενεγκοῦσιν· ὅπερ σοὶ συμβέβηκεν.

[3] 많은 사람들이 저에게 묻습니다. 제가 당신에게 이방인들에 대한 군사원정을 하라고 조언했는지, 아니면 당신이 그런 생각을 한 후에 제가 똑같은 말을 한 것인지를 알기 위해서입니다. 하지만 저는 이전에 당신을 만난 적이 없어서 정확한 것을 알지 못하지만 당신이 그 일들에 관해 결정을 내렸고, 저는 당신의 야망과 똑같은 말을 했다고 생각한다고 말합니다.[35] 이런 말을 들은 사람들은 모두 저에게 요청했습니다. 당신이 그 결정을 한결같이 유지할 수 있도록 권면하고 격려하라고 말입니다. 헬라스인들에게 그보다 더 아름답고 더 유익한 업적이 이루어지지는 않을 것이며 시의적으로 더 좋은 기회가 오지도 않으리라 생각했던 것입니다.

[4] 그런데 제가 힘이 예전 같고 완전히 쇠약한 상태가 아니라면[36] 저는 편지로 대화를 하지는 않을 것입니다. 제가 직접 가서 그 일을 수행하시라고 당신에게 촉구하고 권면할 것입니다. 하지만 지금 저는 그 일에 마침표를 찍기 전까지는 그 일을 등한시하지 말라고 제가 할 수 있는 한에서 당신에게 권고하는 것입니다. 존재하는 것들 중에 그것 말고 다른 것에 대해 탐욕을 부리는 것은 아름답지 못합니다. 중용은 많은 사람들에게 평판이 좋은 것이니까요. 하지만 크고 아름다운 평판을 열망하며 만족하지 않는 것은 월등히 뛰어난 사람들에게 적합합니다.[37] 바로 이것이 당신에게 해당됩니다.

[5] ἡγοῦ δὲ τόθ' ἕξειν ἀνυπέρβλητον αὐτὴν καὶ τῶν σοὶ πεπραγμένων ἀξίαν, ὅταν τοὺς μὲν βαρβάρους ἀναγκάσῃς εἱλωτεύειν τοῖς Ἕλλησιν πλὴν τῶν σοὶ συναγωνισαμένων, τὸν δὲ βασιλέα τὸν νῦν μέγαν προσαγορευόμενον ποιήσῃς τοῦτο πράττειν ὅτι ἂν σὺ προστάττῃς. οὐδὲν γὰρ ἔσται λοιπὸν ἔτι πλὴν θεὸν γενέσθαι. ταῦτα δὲ κατεργάσασθαι πολὺ ῥᾷόν ἐστιν ἐκ τῶν νῦν παρόντων ἢ προελθεῖν ἐπὶ τὴν δύναμιν καὶ τὴν δόξαν ἣν νῦν ἔχεις ἐκ τῆς βασιλείας τῆς ἐξ ἀρχῆς ὑμῖν ὑπαρξάσης.

[6] χάριν δ' ἔχω τῷ γήρᾳ ταύτην μόνην, ὅτι προήγαγεν εἰς τοῦτό μου τὸν βίον ὥσθ' ἃ νέος ὢν διενοούμην καὶ γράφειν ἐπεχείρουν ἔν τε τῷ πανηγυρικῷ λόγῳ καὶ τῷ πρὸς σὲ πεμφθέντι ταῦτα νῦν τὰ μὲν ἤδη γιγνόμενα διὰ τῶν σῶν ἐφορῶ πράξεων, τὰ δ' ἐλπίζω γενήσεσθαι.

[5] 5-6 οὐδὲν γὰρ⋯γενέσθαι huc disposuit Dobree ; codices haec verba post ὑπαρξάσης exhibent.

[5] 당신이 당신 편에서 함께 싸웠던 이들 이외의 이방인들을 헬라스인들의 농노가 되도록[38)] 강요하고 지금은 대왕이라 불리는 그 왕[36]이 당신이 명령하는 것을 실행하게 만들 수 있을 때 당신은 그 누구도 넘어설 수 없는, 당신의 업적에 값하는 평판을 얻게 된다는 것을 생각해보십시오. 그때는 신이 되는 것 말고는 더 이상 남은 일은 없을 테니 말입니다.[39)] 처음에 당신들에게 있던 왕권에서 출발하여 지금 당신이 가지고 있는 힘과 평판으로 나아갔던 것보다 지금 있는 상태에서 제가 말씀드린 그 일들을 성취하는 것이 훨씬 더 쉽습니다.[37]

[6] 제가 제 노령에 대해 유일하게 감사하는 것은 제가 제 삶을 여기까지 끌고 왔기 때문에 젊었을 때 생각했고 『시민대축전에 부쳐』라는 연설[38]과 당신에게 보냈던 연설[39]에서 쓰려고 했던 것들 중에 지금 당신의 행위를 통해 일부가 이미 이루어진 것을 눈앞에서 보고 있으며 나머지 다른 부분도 곧 이루어지리라 희망할 수 있다는 것입니다.[40)]

---

36 당시 페르시아의 왕은 아르타크세르크세스 3세였다. 그는 이 편지가 작성되었던 기원전 338년에 바고아스의 손에 죽임을 당한다. 같은 해에 이소크라테스 역시 세상을 떠난다. 미주 36)을 보라.

37 『필립포스에게』(연설문) 115에도 비슷한 구절이 나온다. "당신이 지금 가지고 있는 것들로부터 출발해서 가장 아름다운 평판을(tēn kallistēn doxan) 얻는 것은 당신이 물려받은 것들로부터 출발해서 지금 누리고 있는 평판에 이른 것보다 더 쉽습니다."

38 『시민대축전에 부쳐』를 발표한 것은 기원전 380년으로 알려져 있다. 그의 나이 56세, 이 편지를 쓰기 42년 전의 일이다. 하지만 그 연설문은 발표되기 약 10년 전부터 작성되었다는 추정에 근거한다면 46세에 쓰기 시작한 것이다.

39 이소크라테스는 기원전 346년 90세의 나이에 『필립포스에게』(연설문)를 썼다.

4. ΑΝΤΙΠΑΤΡΩΙ

[1] ἐγώ, καίπερ ἐπικινδύνου παρ' ἡμῖν ὄντος εἰς Μακεδονίαν πέμπειν ἐπιστολήν, οὐ μόνον νῦν ὅτε πολεμοῦμεν πρὸς ὑμᾶς, ἀλλὰ καὶ τῆς εἰρήνης οὔσης, ὅμως γράψαι πρὸς σὲ προειλόμην περὶ Διοδότου, δίκαιον εἶναι νομίζων ἅπαντας μὲν περὶ πολλοῦ ποιεῖσθαι τοὺς ἐμαυτῷ πεπλησιακότας καὶ γεγενημένους ἀξίους ἡμῶν, οὐχ ἥκιστα δὲ τοῦτον καὶ διὰ τὴν εὔνοιαν τὴν εἰς ἡμᾶς καὶ διὰ τὴν ἄλλην ἐπιείκειαν.

[2] μάλιστα μὲν οὖν ἐβουλόμην ἂν αὐτὸν συσταθῆναί σοι δι' ἡμῶν· ἐπειδὴ δὲ δι' ἑτέρων ἐντετύχηκέ σοι, λοιπόν ἐστί μοι μαρτυρῆσαι περὶ αὐτοῦ καὶ βεβαιῶσαι τὴν γεγενημένην αὐτῷ πρὸς σὲ γνῶσιν. ἐμοὶ γὰρ πολλῶν καὶ παντοδαπῶν συγγεγενημένων ἀνδρῶν καὶ δόξας ἐνίων μεγάλας ἐχόντων, τῶν μὲν ἄλλων ἁπάντων οἱ μέν τινες περὶ αὐτὸν τὸν λόγον, οἱ δὲ περὶ τὸ διανοηθῆναι καὶ πρᾶξαι δεινοὶ γεγόνασιν, οἱ δ' ἐπὶ μὲν τοῦ βίου σώφρονες καὶ χαρίεντες, πρὸς δὲ τὰς ἄλλας χρήσεις καὶ διαγωγὰς ἀφυεῖς παντάπασιν·

[1] 6 ἡμᾶς E vulg. : ὑμᾶς Γ   [2] 6 αὐτὸν ante τὸν λόγον om. vulg.

4. 안티파트로스에게

[1] 비록 제가 마케도니아로 편지를 보내는 것이 지금처럼 우리가 당신들과 전쟁을 하고 있을 때뿐만 아니라 평화의 시기에도 우리에게는 위험한 일이기는 하지만[41] 그래도 저는 당신에게 디오도토스[40]에 관해 쓰기로 마음을 먹었습니다. 저는 저의 곁에 있으며 우리에게 올 자격이 있는 모든 제자들을 높이 평가하는 것이, 특히 이 사람을 우리에 대한 호의와 다른 공정유연성 때문에 누구 못지않게 높이 평가하는 것이 정당하다고 생각하기 때문입니다.

[2] 그래서 저는 그 누구보다도 이 사람을 우리를 통해 당신에게 소개하길 원했습니다만 그가 다른 사람들을 통해 당신을 만났으니 저에게는 그에 관해 증언하고 그가 당신과 알고 지내게 된 관계를 확고히 하는 것만 남았습니다. 제게는 모든 지역에서 많은 제자들이 와 있고 몇 명은 평판이 크게 나 있습니다.[42] 다른 모든 사람들 중에서 일부는 연설 자체에 관해서, 일부는 생각하고 실천하는 데 있어서 위력적인 사람들이며 일부는 절제되고 우아한 삶을 영위해나가고 있지만 다른 실용적인 면에서와 삶을 즐기는 데에서는 타고난 재능이 완전히 결여되어 있습니다.

40 디오도토스에 관해서는 알려진 바가 없다. 편지의 내용으로 보아 이소크라테스의 제자였던 것은 확실하다.

[3] οὗτος δ' οὕτως εὐάρμοστον τὴν φύσιν ἔσχηκεν ὥστ' ἐν ἅπασι τοῖς εἰρημένοις τελειότατος εἶναι. καὶ ταῦτ' οὐκ ἂν ἐτόλμων λέγειν εἰ μὴ τὴν ἀκριβεστάτην πεῖραν αὐτός τ' εἶχον αὐτοῦ καὶ σὲ λήψεσθαι προσεδόκων, τὰ μὲν αὐτὸν χρώμενον αὐτῷ, τὰ δὲ καὶ παρὰ τῶν ἄλλων τῶν ἐμπείρων αὐτοῦ πυνθανόμενον·

[4] ὧν οὐδεὶς ὅστις οὐκ ἂν ὁμολογήσειεν, εἰ μὴ λίαν εἴη φθονερός, καὶ εἰπεῖν καὶ βουλεύσασθαι μηδενὸς ἧττον αὐτὸν δύνασθαι καὶ δικαιότατον καὶ σωφρονέστατον εἶναι καὶ χρημάτων ἐγκρατέστατον, ἔτι δὲ συνημερεῦσαι καὶ συμβιῶναι πάντων ἥδιστον καὶ λιγυρώτατον, πρὸς δὲ τούτοις πλείστην ἔχειν παρρησίαν, οὐχ ἣν οὐ προσῆκεν, ἀλλὰ τὴν εἰκότως ἂν μέγιστον γιγνομένην σημεῖον τῆς εὐνοίας τῆς πρὸς τοὺς φίλους·

[4] 4 συνημερεῦσαι καὶ συμβιῶναι Γ : καὶ σύμβιον vulg.

[3] 하지만 이 사람은 타고난 재능이 아주 조화로워서 앞에서 언급한 모든 면에서 비할 데 없이 완벽합니다. 만약 제가 직접 그를 겪어 보고 아주 정확하게 아는 바가 없다면, 그리고 어떤 것들은 당신이 직접 그와 접해서 알게 되고 그를 경험한 다른 사람들로부터 당신이 들어서 알게 되리라고 기대하지 못한다면 저는 감히 이런 말을 하지는 않을 것입니다.

[4] 그런데 그들 중에 질투심이 극도로 강한 사람이 아니라면, 말하고 기획하는 일에서 그가 누구에게도 뒤지지 않는 능력이 있으며 가장 정의롭고 가장 절제력이 있으며 돈에 대한 자제력도 가장 강하고 함께 하루를 보내고 같이 살아본다면 그가 누구보다 즐겁고 감미롭다[41]는 것에 동의하지 않을 사람은 없을 것입니다. 게다가 그의 솔직함[42]은 아주 대단한데, 그렇다고 정도를 넘어서진 않습니다. 오히려 그가 친구들에게 베푸는 호의의 가장 큰 증표가 될 개연성이 높습니다.

---

41 "감미롭다"(liguros)는 주로 사람(시인이나 가수)이나 새의 목소리를 수식하는 말이다. 예를 들어 『오뒷세이아』에서는 '세이렌'의 매력적이고 감미로운 목소리에 대해 사용되었다. 여기에서처럼 사람의 품성에 대해서 사용하는 것은 이례적이다.

42 "솔직함"(parrēsia)은 '자기가 생각하고 알고 있는 것을 가감 없이 모두 말하는 것'을 의미하는데, 아테네에서 이것은 대중 집회에서 자신의 모든 것을 걸고 도시를 위해 모든 진실을 폭로하는 정치적인 행위를 가리키는 말이기도 하다. 아테네 민주정의 언론의 자유를 대표하는 개념이다.

[5] ἣν τῶν δυναστῶν οἱ μὲν ἀξιόχρεων τὸν ὄγκον τὸν τῆς ψυχῆς ἔχοντες τιμῶσιν ὡς χρησίμην οὖσαν, οἱ δ᾽ ἀσθενέστεροι τὰς φύσεις ὄντες ἢ κατὰ τὰς ὑπαρχούσας ἐξουσίας δυσχεραίνουσιν, ὡς ὧν οὐ προαιροῦνταί τι ποιεῖν βιαζομένην αὐτούς, οὐκ εἰδότες ὡς οἱ μάλιστα περὶ τοῦ συμφέροντος ἀντιλέγειν τολμῶντες, οὗτοι πλείστην ἐξουσίαν αὐτοῖς τοῦ πράττειν ἃ βούλονται παρασκευάζουσιν.

[6] εἰκὸς γὰρ διὰ μὲν τοὺς ἀεὶ πρὸς ἡδονὴν λέγειν προαιρουμένους οὐχ ὅπως τὰς μοναρχίας δύνασθαι διαμένειν αἳ πολλοὺς τοὺς ἀναγκαίους ἐφέλκονται κινδύνους, ἀλλ᾽ οὐδὲ τὰς πολιτείας αἳ μετὰ πλείονος ἀσφαλείας εἰσίν, διὰ δὲ τοὺς ἐπὶ τῷ βελτίστῳ παρρησιαζομένους πολλὰ σῴζεσθαι καὶ τῶν ἐπιδόξων διαφθαρήσεσθαι πραγμάτων. ὧν ἕνεκα προσῆκε μὲν παρὰ πᾶσι τοῖς μονάρχοις πλέον φέρεσθαι τοὺς τὴν ἀλήθειαν ἀποφαινομένους τῶν ἅπαντα μὲν πρὸς χάριν, μηδὲν δὲ χάριτος ἄξιον λεγόντων· συμβαίνει δ᾽ ἔλαττον ἔχειν αὐτοὺς παρ᾽ ἐνίοις αὐτῶν.

[6] 2 διαμένειν αἳ Benseler : διαμεῖναι Γ : ποιεῖν διαμένειν (δυνάμεις vulg.) : αἳ Helmstat. vulg.

[5] 그의 솔직함은 권력자들 중에서 영혼의 크기가 그것에 값할 만큼 큰 사람들은 쓸모 있다고 존중합니다. 반면에 자신이 가진 권력에 비해 재능이 보잘것없는 사람들은 그의 솔직함을 불편해합니다. 그것 때문에 그들은 자신들이 선택한 것이 아닌 어떤 일을 하라고 강요받기 때문입니다. 그들은 유익한 것에 관해 정반대되는 것을 가장 많이 말하는 무모한 사람들이 그들에게 그들이 원하는 것을 실행할 수 있는 권력을 가장 많이 제공한다는 사실을 모르는 것입니다.

[6] 실제로 언제나 상대를 즐겁게 하려는 말만 골라서 하는 사람들 때문에 필연적으로 많은 위험들이 줄을 잇게 마련인 독재체제[43] 뿐만 아니라 그보다 훨씬 안정적인 정체들조차도 유지될 수 있는 방법은 없습니다. 하지만 가장 좋은 것을 위해 모든 말을 솔직하게 말하는 사람들을 통해서는 많은 것들, 심지어 파멸할 것만 같은 일들조차도 구해낼 수 있다는 것은 개연성이 높습니다. 이런 까닭에 모든 독재체제의 군주들 곁에서는 은혜를 얻고자 모든 것을 말하지만 정작 은혜를 입을 만한 것은 아무것도 말하지 않는 사람들보다는 진실을 밝히는 사람들이 더 많은 것을 누려야 마땅합니다. 그런데 진실을 밝히는 사람들이 독재체제의 일부 군주들 곁에서 더 적은 것을 누리고 있는 실정입니다.

[7] ὃ δὴ καὶ Διοδότῳ παθεῖν συνέπεσεν παρά τισι τῶν περὶ τὴν Ἀσίαν δυναστῶν, οἷς περὶ πολλὰ χρήσιμος γενόμενος οὐ μόνον τῷ συμβουλεύειν, ἀλλὰ καὶ τῷ πράττειν καὶ κινδυνεύειν, διὰ τὸ παρρησιάζεσθαι πρὸς αὐτοὺς περὶ ὧν ἐκείνοις συνέφερεν καὶ τῶν οἴκοι τιμῶν ἀπεστέρηται καὶ πολλῶν ἄλλων ἐλπίδων, καὶ μεῖζον ἴσχυσαν αἱ τῶν τυχόντων ἀνθρώπων κολακεῖαι τῶν εὐεργεσιῶν τῶν τούτου.

[8] διὸ δὴ καὶ πρὸς ὑμᾶς ἀεὶ προσιέναι διανοούμενος ὀκνηρῶς εἶχεν, οὐχ ὡς ἅπαντας ὁμοίους εἶναι νομίζων τοὺς ὑπὲρ αὐτὸν ὄντας, ἀλλὰ διὰ τὰς πρὸς ἐκείνους γεγενημένας δυσχερείας καὶ πρὸς τὰς παρ' ὑμῶν ἐλπίδας ἀθυμότερος ἦν, παραπλήσιον ὥς ἐμοὶ δοκεῖ πεπονθὼς τῶν πεπλευκότων τισὶν οἳ, τὸ πρῶτον ὅταν χρήσωνται χειμῶσιν, οὐκέτι θαρροῦντες εἰσβαίνουσιν εἰς θάλατταν, καίπερ εἰδότες ὅτι καὶ καλοῦ πλοῦ πολλάκις ἐπιτυχεῖν ἔστιν. οὐ μὴν ἀλλ' ἐπειδὴ συνέστηκέ σοι, καλῶς ποιεῖ.

[7] 5 τυχόντων Ε : ἄλλων cett. [8] 4 ἀθυμότερος Γ : οὐ προθυμότερος vulg.

[7] 이것이 디오도토스가 아시아의 권력자들의 일부[44)]와 지내면서 겪었던 일이었습니다. 그들에게 그는 조언을 통해서뿐만 아니라 실천하고 위험까지 감수하는 일을 통해 여러 측면에서 쓸모 있는 사람이었습니다만 그들에게 유익한 일들에 관해서 그가 그들에게 솔직하게 말했기 때문에 자기 고향에서 누리던 명예와 다른 많은 희망들로부터 배제되었습니다. 아무나 막 던지는 아부[43]가 그 사람의 선행보다 더 큰 힘을 발휘했던 것입니다.

[8] 이런 까닭에 그는 당신들에 대해서도 항상 다가가야 한다고 생각하면서도 머뭇거렸습니다. 그것은 그가 자기 위에 있는 사람들은 다 똑같다고 생각해서가 아니라 그들과 관계하면서 어려움을 겪고 당신들에게 걸었던 희망에 대해서 더욱더 낙담했기[44] 때문입니다. 제가 보기에 그는 항해자들 중에 처음으로 폭풍우를 겪은 다음에는 아름다운 항해를 자주 하게 되리라는 것을 알면서도 더 이상 용감하게 바다로 뛰어들지 않는 사람들과 비슷한 일을 겪었던 것 같습니다. 그럼에도 불구하고 그가 당신과 함께한 이후로는 아름답게 지내고 있습니다.

---

43 "아무나 막 던지는 아부"(haitōn fukhonrōn anthrōpōn kolakeiai)는 필사본 E를 따라 읽은 것이며, 다른 필사본에는 "다른 사람들의(allōn) 아부"라고 쓰여 있다. 대조를 강하게 살리려면 필사본 E에 따라 읽는 것이 좋다.

44 "더욱더 낙담했기"(athumoteros)는 필사본 Γ를 따라 읽은 것이며, 대중적 사본들에는 "더욱더 열정적이지는 않았기"(ou prothumoteros)라고 쓰여 있다.

[9] λογίζομαι γὰρ αὐτῷ συνοίσειν, μάλιστα μὲν τῇ φιλανθρωπίᾳ τῇ σῇ στοχαζόμενος, ἣν ἔχειν ὑπείληψαι παρὰ τοῖς ἔξωθεν ἀνθρώποις, ἔπειτα νομίζων οὐκ ἀγνοεῖν ὑμᾶς ὅτι πάντων ἥδιστόν ἐστι καὶ λυσιτελέστατον πιστοὺς ἅμα καὶ χρησίμους φίλους κτᾶσθαι ταῖς εὐεργεσίαις καὶ τοὺς τοιούτους εὖ ποιεῖν ὑπὲρ ὧν πολλοὶ καὶ τῶν ἄλλων ὑμῖν χάριν ἕξουσιν. ἅπαντες γὰρ οἱ χαριέντες τοὺς τοῖς σπουδαίοις τῶν ἀνδρῶν καλῶς ὁμιλοῦντας ὁμοίως ἐπαινοῦσι καὶ τιμῶσιν ὥσπερ αὐτοὶ τῶν ὠφελειῶν ἀπολαύοντες.

[10] ἀλλὰ γὰρ Διόδοτον αὐτὸν οἶμαι μάλιστά σε προτρέψεσθαι πρὸς τὸ φροντίζειν αὐτοῦ. συνέπειθον δὲ καὶ τὸν υἱὸν αὐτοῦ τῶν ὑμετέρων ἀντέχεσθαι πραγμάτων καὶ παραδόνθ᾽ ὑμῖν αὐτὸν ὥσπερ μαθητὴν εἰς τοὔμπροσθε πειραθῆναι προελθεῖν. ὁ δὲ ταῦτά μου λέγοντος ἐπιθυμεῖν μὲν ἔφασκεν τῆς ὑμετέρας φιλίας, οὐ μὴν ἀλλὰ παραπλήσιόν τι πεπονθέναι πρὸς αὐτὴν καὶ πρὸς τοὺς στεφανίτας ἀγῶνας.

[9] 6 πολλοὶ om. Γ [10] 1 προτρέψεσθαι Auger : - ψασθαι codd.

[9] 실제로 저는 그것이 그에게 유익할 것이라고 생각하는데, 특히 외지의 사람들이 당신에게 기대를 거는 당신의 인간애에 의거해서 추정하고 내린 결론입니다. 게다가 저는 당신들이 선행을 베풀어 믿을 만하고 동시에 쓸모 있는 친구들을 얻고 다른 많은[45] 사람들도 당신들에게 고마워하게 만들 그런 사람들에게 잘해주는 것이 가장 즐겁고 가장 유익한 일임을 모르지 않으리라 생각합니다. 모든 우아한 사람들은 고귀한 사람들과 아름답게 연합하는 사람들을 마치 그들 자신이 그 혜택을 누리는 것처럼 칭찬하며 존중하기 때문입니다.

[10] 그러나 실제로 저는 디오도토스가 직접 자기 자신에 관해 관심을 가져달라고 당신에게 촉구할 것이라고[46] 생각합니다. 하지만 저도 그의 아들에게 당신들의 일에 열중하고 자신을 당신들에게 마치 학생이 되는 것처럼 맡겨서 앞으로 발전해나가도록 해보라고 설득한 적이 있습니다. 그런데 제가 그런 말을 하자 그는 당신의 친애를 갈망하지만 그것을 향한 마음은 월계관이 걸린 경기를 향한 마음과 흡사한 일을 겪은 것과 진배없다고 말했습니다.

---

45 "많은"(polloi)이라는 표현은 필사본 Γ에는 생략되어 있다.

46 "촉구할 것이라고"(protrepsesthai)는 아우게르(Auger)가 고쳐 읽은 것이다. 주요 필사본들에는 미래형 부정사(future infinitive)가 아니라 이미 이루어진 단일 행위를 표현하는 부정과거 부정사(aorist infinitive) 형태로, 즉 "촉구했다고"(protrepsesthai)라고 쓰여 있다.

[11] ἐκείνους τε γὰρ νικᾶν μὲν ἂν βούλεσθαι, καταβῆναι δ' εἰς αὐτοὺς οὐκ ἂν τολμῆσαι διὰ τὸ μὴ μετεσχηκέναι ῥώμης ἀξίας τῶν στεφάνων, τῶν τε παρ' ὑμῶν τιμῶν εὔξασθαι μὲν ἂν τυχεῖν, ἐφίξεσθαι δ' αὐτῶν οὐ προσδοκᾶν· τήν τε γὰρ ἀπειρίαν τὴν αὑτοῦ καταπεπλῆχθαι καὶ τὴν λαμπρότητα τὴν ὑμετέραν, ἔτι δὲ καὶ τὸ σωμάτιον οὐκ εὐκρινὲς ὂν, ἀλλ' ἔχον ἅττα σίνη, νομίζειν ἐμποδιεῖν αὐτὸν πρὸς πολλὰ τῶν πραγμάτων.

[12] οὗτος μὲν οὖν, ὅτι ἂν αὐτῷ δοκῇ συμφέρειν, τοῦτο πράξει· σὺ δ' ἄν τε περὶ ὑμᾶς ἄν θ' ἡσυχίαν ἔχων διατρίβῃ περὶ τούτους τοὺς τόπους, ἐπιμελοῦ καὶ τῶν ἄλλων μὲν ἁπάντων ὧν ἂν τυγχάνῃ δεόμενος, μάλιστα δὲ τῆς ἀσφαλείας καὶ τῆς τούτου καὶ τῆς τοῦ πατρὸς αὐτοῦ, νομίσας ὥσπερ παρακαταθήκην ἔχειν τούτους παρά τε τοῦ γήρως ἡμῶν, ὃ προσηκόντως ἂν πολλῆς τυγχάνοι προνοίας, καὶ τῆς δόξης τῆς ὑπαρχούσης, εἴ τινος ἄρα σπουδῆς ἐστιν ἀξία, καὶ τῆς εὐνοίας τῆς πρὸς ὑμᾶς ἣν ἔχων ἅπαντα τὸν χρόνον διατετέλεκα.

[11] 6-7 νομίζειν ἐμποδιεῖν αὐτὸν codd. praeter Γ in quo haec perierunt

[11] 사실 그는 그 경기에서도 승리를 거두고 싶어 하지만 감히 경기장으로 내려갈 수는 없는데, 그것은 그가 승리의 관을 얻을 만한 힘을 가지고 있지 못하기 때문이라는 것입니다.[45)] 마찬가지로 그는 당신들이 부여하는 명예를 얻는 것도 기원하지만 그것들을 얻으리라는 기대를 하지 못한다는 것입니다. 실제로 그는 자신의 경험 부족과 당신들의 눈부신 광채 때문에 충격을 받았고, 게다가 몸이 좋은 상태가 아니고 어딘가가 불편해서 많은 일에서 그의 발목이 잡힌다는 생각이 들기[47] 때문이라는 것입니다.

[12] 그래도 그는 자신에게 유익한 것처럼 보이는 것은 무엇이든 실행할 것입니다. 그렇지만 당신은 그가 당신들의 주변에서든 그 지역들의 주변에서든 특별히 하는 일 없이 소일을 하면 그가 필요로 하게 될 다른 모든 일들을, 특히 그의 안전과 그의 아버지의 안전을 돌봐주십시오. 제가 이런 것들을 믿고 부탁드리는 것은 저의 노령이 많은 관심을 받아야 마땅한 것이고, 현재 저에 대한 평판이 존중을 받을 만한 가치가 있으며, 당신들을 향한 저의 호의가 제가 평생 동안 꾸준히 지켜온 것이기 때문이라고 생각해주시면 좋겠습니다.

---

47 "그의 발목이 잡힌다는 생각이 들기"(nomizeim empodiein auton)이라는 표현은 필사본 Γ에서는 소실되었지만 다른 주요 필사본에서는 읽을 수 있다.

[13] καὶ μὴ θαυμάσῃς μήτ᾽ εἰ μακροτέραν γέγραφα τὴν ἐπιστολὴν μήτ᾽ εἴ τι περιεργότερον καὶ πρεσβυτικώτερον εἰρήκαμεν ἐν αὐτῇ· πάντων γὰρ τῶν ἄλλων ἀμελήσας ἑνὸς μόνον ἐφρόντισα, τοῦ φανῆναι σπουδάζων ὑπὲρ ἀνδρῶν φίλων καὶ προσφιλεστάτων μοι γεγενημένων.

[13] 4-5 φίλων καὶ προσφιλεστάτων codd.

[13] 그리고 설령 제가 필요 이상으로 길게 편지를 썼더라도, 그러니까 이 편지에서 정도 이상으로 많이 노인네들의 방식으로 말을 했더라도 놀라지 마십시오. 사실 저는 다른 모든 것들은 돌보지 않고 오로지 한 가지만, 즉 제가 사랑하며 저에게는 가장 사랑스러운 친구들을[48] 위해 제가 열심을 다하고 있다는 것을 보여주는 데에만 마음을 썼을 뿐입니다.

---

48 "(제가) 사랑하며 (저에게는) 가장 사랑스러운 친구들을"(philōn kai prosphilestatōn)이라는 표현은 주요 필사본에 쓰여 있다. 그러나 너무 비슷한 단어가 반복해서 쓰인 것에 대해 블라스(Blass)는 의문을 제기했다. 특히 "가장 사랑스러운 친구들을"(prosphilestatōn)이 필사 원본에서는 손상되었던 어떤 단어를 추정해 쓴 것으로 보인다. 아마도 '가장 친밀한 사람들' 또는 '가장 신경을 많이 쓴 사람들'(proskēdestatōn)이나 그 비슷한 단어였을 것으로 보인다.(Mathieu, G. and Brémond, É., 1962, *Isocrate Discours*, tome IV, Paris: Les Belles Lettres, p. 2206)

5. ΑΛΕΞΑΝΔΡΩΙ

[1] πρὸς τὸν πατέρα σου γράφων ἐπιστολὴν ἄτοπον ᾤμην ποιήσειν, εἰ περὶ τὸν αὐτὸν ὄντα σὲ τόπον ἐκείνῳ μήτε προσερῶ μήτ᾽ ἀσπάσομαι μήτε γράψω τι τοιοῦτον ὃ ποιήσει τοὺς ἀναγνόντας μὴ νομίζειν ἤδη με παραφρονεῖν διὰ τὸ γῆρας μηδὲ παντάπασι ληρεῖν, ἀλλ᾽ ἔτι τὸ καταλελειμμένον μου μέρος καὶ λοιπὸν ὂν οὐκ ἀναξίον εἶναι τῆς δυνάμεως ἣν ἔσχον νεώτερος ὤν.

[2] ἀκούω δέ σε πάντων λεγόντων ὡς φιλάνθρωπος εἶ καὶ φιλαθήναιος καὶ φιλόσοφος, οὐκ ἀφρόνως ἀλλὰ νοῦν ἐχόντως. τῶν τε γὰρ πολιτῶν ἀποδέχεσθαί σε τῶν ἡμετέρων οὐ τοὺς ἠμεληκότας αὐτῶν καὶ πονηρῶν πραγμάτων ἐπιθυμοῦντας, ἀλλ᾽ οἷς συνδιατρίβων τ᾽ οὐκ ἂν λυπηθείης συμβάλλων τε καὶ κοινωνῶν πραγμάτων οὐδὲν ἂν βλαβείης οὐδ᾽ ἀδικηθείης, οἵοις περ χρὴ πλησιάζειν τοὺς εὖ φρονοῦντας·

᾿Αλεξάνδρῳ Γ : ᾿Ισοκράτης ᾿Αλεξάνδρῳ χαίρειν E vulg.

[1] 4 ἀναγνόντας Γ : ἀγνοοῦντας E vulg. [2] 5 συμβάλλων Γ[1] E vulg. : συμβούλων Γ[2]

5. 알렉산드로스에게

[1] 그대의 아버지에게 편지를 쓰면서46) 그분과 같은 곳에 있는[49] 그대에게 아무 말도 안 건네고 안부도 안 묻고 아무것도 안 쓴다면 나는 이상한 짓[50]을 하는 것이라 생각했습니다. 내 편지는 읽는 사람들로 하여금47) 내가 나이가 많은 탓에48) 사리에 벗어난 판단을 하며 완전히 헛소리를 한다고 생각하게 만들지 않을 것이며, 오히려 나의 남아 있는 부분이 내가 젊었을 때 가지고 있던 능력에 비해 무가치한 것이 아니라고 생각하게 만들 수 있는 것입니다.

[2] 나는 모든 사람들이 그대에 대해 다음과 같이 말하는 것을 듣습니다. 그대가 사람을 사랑하고 아테네를 사랑하며 지혜를 사랑하고49) 현명하지 못함이 없고50) 지성적이라는 것입니다. 또한 그대가 우리 시민들 중에 자신은 돌보지 않으며51) 사악한 일들에만 열정적인 사람들을 받아들이지 않고 대신 함께 소일을 해도 괴롭지 않고 만나서 함께 일을 도모해도 해를 입지 않으며 불의한 일을 당하지 않을 사람들을 받아들인다는 것입니다. 현명한 판단에 뛰어난 사람들은 그런 사람들을 가까이 해야만 하는 것입니다.

---

49 이 편지는 기원전 342년에 작성된 것으로 추정되는데, 이때 필립포스는 트라키아, 더 정확하게 말하자면 케르소네소스에 있었다.

50 "이상한 짓"(atopon)은 "그분과 같은 곳"(topon)에 있다는 표현과 대조적이다. '아토폰'(atopon)은 '토포스'(topos; topon; 장소, 곳)에서 벗어난다는 뜻이기 때문이다. 토포스는 고대 그리스 로마 수사학의 중요한 전문 용어가 되며, 주제를 뜻하는 토픽(Topic)의 어원이다.

[3] τῶν τε φιλοσοφιῶν οὐκ ἀποδοκιμάζειν μὲν οὐδὲ τὴν περὶ τὰς ἔριδας, ἀλλὰ νομίζειν εἶναι πλεονεκτικὴν ἐν ταῖς ἰδίαις διατριβαῖς, οὐ μὴν ἁρμόττειν οὔτε τοῖς τοῦ πλήθους προεστῶσιν οὔτε τοῖς τὰς μοναρχίας ἔχουσιν· οὐδὲ γὰρ συμφέρον οὐδὲ πρέπον ἐστὶν τοῖς μεῖζον τῶν ἄλλων φρονοῦσιν οὔτ᾽ αὐτοῖς ἐρίζειν πρὸς τοὺς συμπολιτευομένους οὔτε τοῖς ἄλλοις ἐπιτρέπειν πρὸς αὐτοὺς ἀντιλέγειν.

[4] ταύτην μὲν οὖν οὐκ ἀγαπᾶν σε τὴν διατριβὴν, προαιρεῖσθαι δὲ τὴν παιδείαν τὴν περὶ τοὺς λόγους οἷς χρώμεθα περὶ τὰς πράξεις τὰς προσπιπτούσας καθ᾽ ἑκάστην τὴν ἡμέραν καὶ μεθ᾽ ὧν βουλευόμεθα περὶ τῶν κοινῶν· δι᾽ ἣν νῦν τε δοξάζειν περὶ τῶν μελλόντων ἐπιεικῶς, τοῖς τ᾽ ἀρχομένοις προστάττειν οὐκ ἀνοήτως ἃ δεῖ πράττειν ἑκάστους ἐπιστήσει, περὶ δὲ τῶν καλῶν καὶ δικαίων καὶ τῶν τούτοις ἐναντίων ὀρθῶς κρίνειν, πρὸς δὲ τούτοις τιμᾶν τε καὶ κολάζειν ὡς προσῆκόν ἐστιν ἑκατέροις.

[4] 4 δοξάζειν Blass : - ζεις Γ : δοκεῖς vulg. 6 πράττειν Γ : ποιεῖν vulg.

[3] 그리고 또한 그대가 철학들 가운데 논쟁에 관련된 철학[52)]을 거부하지 않으며 오히려 사적인 소일거리[53)]들에서는 이점이 많다고는 생각하지만, 그럼에도 불구하고 그것이 대중을 이끄는 지도자들[51]과 전제적 권력[52]을 가진 사람들에게는 어울리지 않다고 생각한다는 것입니다. 실제로 다른 사람들보다 더 큰 권력을 가졌다고 생각하는 현명한 사람들이 동료 시민들을 상대로 논쟁을 벌이는 것이나 다른 사람들이 그들에게 맞서 논쟁할 수 있도록 허용하는 것은 국익에 도움이 되지 않을 뿐만 아니라 적절한 일도 아니니까요.

[4] 그래서 그대가 이런 소일거리를 좋아하지 않고 대신 말과 관련된 교육을 선택했다는 것입니다. 우리는 매일 부딪히는 행위와 관련해서 말을 사용합니다. 말을 가지고 공적인 일들에 관하여 궁리를 합니다. 그리고 그 말의 교육 덕택에 이제 그대는 일어날 일들에 관하여 공정유연하게 의견을 구성하고, 피통치자들 각자가 실천해야만 할 일들에 대해 생각 없이 명령을 내리지 않을 줄 알게 될 것이며, 아름답고 정의로운 일들과 그것들과 정반대되는 일들에 관하여 올바른 판단을 내릴 수 있으며, 그것들 외에도 적절한 방식으로 각자에게 명예를 안겨주거나 벌을 내릴 줄도 알게 될 것입니다.

---

51 "대중을 이끄는 지도자들"이란 '민주정 안에서의 정치지도자들'을 가리킨다.

52 "전제적 권력"(monarkhia)은 나쁜 의미로 사용된 것이 아니다. 민주정이나 귀족정, 과두정과는 달리 마케도니아처럼 한 명의 왕이 절대적인 권력을 가지고 통치하는 정치체제를 가리킨다.

[5] σωφρονεῖς οὖν νῦν ταῦτα μελετῶν· ἐλπίδας γὰρ τῷ τε πατρὶ καὶ τοῖς ἄλλοις παρέχεις ὡς, ἂν πρεσβύτερος γενόμενος ἐμμείνῃς τούτοις, τοσοῦτον προέξεις τῇ φρονήσει τῶν ἄλλων ὅσον περ ὁ πατήρ σου διενήνοχεν ἁπάντων.

[5] 따라서 지금 이런 것들을 열심히 공부하는 그대는 슬기롭습니다. 그대가 장성했을 때에도 그 공부에 충실한다면 그대는 그대의 아버지가 모든 사람들보다 돋보였던 것만큼이나 현명함[54)]에서 다른 사람들을 능가하리라는 희망을 아버지와 다른 사람들에게 주고 있으니까요.

6. ΤΟΙΣ ΙΑΣΟΝΟΣ ΠΑΙΣΙΝ

[1] ἀπήγγειλέ τίς μοι τῶν πρεσβευσάντων ὡς ὑμᾶς ὅτι καλέσαντες αὐτὸν ἄνευ τῶν ἄλλων ἐρωτήσαιτ᾽ εἰ πεισθείην ἂν ἀποδημῆσαι καὶ διατρῖψαι παρ᾽ ὑμῖν. ἐγὼ δ᾽ ἕνεκα μὲν τῆς Ἰάσονος καὶ Πολυαλκοῦς ξενίας ἡδέως ἂν ἀφικοίμην ὡς ὑμᾶς· οἶμαι γὰρ ἂν τὴν ὁμιλίαν τὴν γενομένην ἅπασιν ἡμῖν συνενεγκεῖν·

[2] ἀλλὰ γὰρ ἐμποδίζει με πολλὰ, μάλιστα μὲν τὸ μὴ δύνασθαι πλανᾶσθαι καὶ τὸ μὴ πρέπειν ἐπιξενοῦσθαι τοῖς τηλικούτοις, ἔπειθ᾽ ὅτι πάντες οἱ πυθόμενοι τὴν ἀποδημίαν δικαίως ἄν μου καταφρονήσειαν, εἰ προηρημένος τὸν ἄλλον χρόνον ἡσυχίαν ἄγειν ἐπὶ γήρως ἀποδημεῖν ἐπιχειροίην ὅτ᾽ εἰκὸς ἦν, εἰ καὶ πρότερον ἄλλοθί που διέτριβον, νῦν οἴκαδε σπεύδειν, οὕτως ὑπογυίου μοι τῆς τελευτῆς οὔσης.

Τοῖς Ἰάσονος παισὶν Γ : Ἰσοκράτης τοῖς Ἰάσονος παισὶ χαίρειν vulg.
[1] 5 ἡμῖν codd. : ὑμῖν Γ   [2] 6 ἄλλοθί που ΓΕ : ἄλλοσέ ποι vulg.

6. 이아손의 자제들에게

[1] 그대들에게 파견되었던 사절들 중에 한 사람이 나에게 알려 주었습니다. 그대들이 다른 사람들은 놔두고 자기를 따로 불러서 묻기를 내가 집을 떠나 그대들 곁에서 소일할 수 있도록 설득할 수 있겠냐고 했다는 겁니다. 나야 이아손과 폴뤼알케스의 환대하는 관계[55)] 때문에 기꺼이 그대들에게로 갈 수 있지요. 그렇게 연합한다면 우리[53] 모두에게 유익할 거라고 생각하니까요.

[2] 그러나 많은 것들이 나의 발목을 붙잡습니다. 무엇보다도 나는 배를 타고 나갈 수가 없으며 나처럼 나이 든 사람에게는[54] 외지생활이 적절치 않으니까요. 게다가 사람들이 내가 집을 떠나는 것을 알게 된다면 모두들 나를 비난할 텐데, 그것은 정당한 일입니다. 설령 이전에는 내가 다른 곳에서 소일했다고 해도 이렇게 나에게 임종이 임박해 있는 지금[55]은 집으로 돌아가는 발길을 서두르는 것이 그럴 법한 일인데도 다른 때에는 조용히 지내겠다는 선택을 하더니 노령이 되어서는 집을 떠나겠다고 한다면 말입니다.

---

53 주요 필사본 Γ에는 "당신들"이라고 적혀 있지만 다른 주요 필사본들에 따라 "우리"라고 읽는 것이 좋다. 이소크라테스 자신에게도 이아손의 자제들과 연합하는 일이 이익이 된다고 말하는 것이 더 적절해 보이기 때문이다.

54 이 편지를 쓸 때 이소크라테스의 나이는 77세였다. 앞에서도 본 바와 같이 이소크라테스는 약 70세의 나이에 시라쿠사의 디오뉘시오스에게 편지를 쓸 때도(1), 98세의 나이에 마케도니아의 필립포스에게 편지를 쓸 때도(4) 자신의 연로함을 강조하는 표현을 사용하였다.

55 이소크라테스는 77세의 나이에 임종이 임박했다고 말을 하지만 사람들이 그의 임종을 보기 위해서는 21년이 더 필요했다.

[3] πρὸς δὲ τούτοις φοβοῦμαι καὶ τὴν πόλιν· χρὴ γὰρ τἀληθῆ λέγειν. ὁρῶ γὰρ τὰς συμμαχίας τὰς πρὸς αὐτὴν γιγνομένας ταχέως διαλυομένας. εἰ δή τι συμβαίη καὶ πρὸς ὑμᾶς τοιοῦτον, εἰ καὶ τὰς αἰτίας καὶ τοὺς κινδύνους διαφυγεῖν δυνηθείην, ὃ χαλεπόν ἐστιν, ἀλλ᾽ οὖν αἰσχυνθείην ἄν, εἴτε διὰ τὴν πόλιν δόξαιμί τισιν ὑμῶν ἀμελεῖν, εἴτε δι᾽ ὑμᾶς τῆς πόλεως ὀλιγωρεῖν. μὴ κοινοῦ δὲ τοῦ συμφέροντος ὄντος οὐκ οἶδ᾽ ὅπως ἂν ἀμφοτέροις ἀρέσκειν δυνηθείην. αἱ μὲν οὖν αἰτίαι, δι᾽ ἃς οὐκ ἔξεστί μοι ποιεῖν ἃ βούλομαι, τοιαῦται συμβεβήκασιν.

[4] οὐ μὴν περὶ τῶν ἐμαυτοῦ μόνον ἐπιστείλας οἶμαι δεῖν ἀμελῆσαι τῶν ὑμετέρων, ἀλλ᾽ ἅπερ ἂν παραγενόμενος πρὸς ὑμᾶς διελέχθην, πειράσομαι καὶ νῦν περὶ τῶν αὐτῶν τούτων ὅπως ἂν δύνωμαι διεξελθεῖν. μηδὲν δ᾽ ὑπολάβητε τοιοῦτον, ὡς ἄρ᾽ ἐγὼ ταύτην ἔγραψα τὴν ἐπιστολὴν οὐχ ἕνεκα τῆς ὑμετέρας ξενίας, ἀλλ᾽ ἐπίδειξιν ποιήσασθαι βουλόμενος. οὐ γὰρ εἰς τοῦθ᾽ ἥκω μανίας ὥστ᾽ ἀγνοεῖν ὅτι κρείττω μὲν γράψαι τῶν πρότερον διαδεδομένων οὐκ ἂν δυναίμην, τοσοῦτον τῆς ἀκμῆς ὑστερῶν, χείρω δ᾽ ἐξενεγκὼν πολὺ φαυλοτέραν ἂν λάβοιμι δόξαν τῆς νῦν ἡμῖν ὑπαρχούσης.

[4] 8 οὐκ ἂν Coraïs : κἂν Γ : οὐδ᾽ ἂν vulg.

[3] 이런 이유 이외에도 내가 나의 도시[56]를 두려워하는 까닭도 있습니다. 진실을 말해야 하니 말씀드리겠습니다. 사실 나는 나의 도시가 맺었던 동맹관계가 급속도로 깨지는 것을 봅니다. 그런 어떤 일이 그대들에게도 일어난다면 내가 책망과 위험을 피할 수는 있다 하더라도, 물론 그것이 어려운 일이긴 합니다만, 내가 나의 도시 때문에 그대들 중에 어떤 사람들을 돌보지 않는 것처럼 보이거나 또는 그대들 때문에 나의 도시를 소홀히 하는 것처럼 보인다면 추할 것입니다. 그런데 유익한 것이 무엇인지 공유되지 않은 상황에서 나는 양쪽을 만족시킬 수 있는 방법을 알지 못합니다. 내가 원하는 것을 하지 못하는 이유가 바로 이런 것들입니다.

[4] 나는 나 자신의 것들에 관해서만 편지를 쓰면서 그대들의 것에 대해서 무심해야 한다고 생각하지는 않습니다. 오히려 곁에 있다면 그대들에게 말해주었을 것과 똑같은 것들에 관해 지금도 내가 할 수 있는 최선의 말을 하려고 할 것입니다. 그런데 내가 이 편지를 썼던 것이 그대들과의 환대관계 때문이 아니라 과시[57]하고 싶은 마음에서라는 식으로 생각하지는 말아주십시오. 사실 나는 한창 나이를 이렇게나 많이 지난 탓에 예전에 내놓았던 것보다 더 잘 쓸 수는 없다는 점과 그래서 예전보다 못한 것을 내놓게 되면 지금 내가 누리는 것보다 훨씬 비천한 평판을 얻게 되리라는 점을 모를 만큼 정신 나간 상태는 아니니까요.

---

56 아테네

57 "과시"(epideixis)는 '연설가로서의 기량을 뽐내며 과시하는 것'을 가리키며, 구체적으로는 축제나 장례식에서 축사나 조사, 찬사 등의 글을 발표하거나 작성하는 행위를 가리킨다.

[5] ἔπειτ᾽ εἴπερ ἐπιδείξει προσεῖχον τὸν νοῦν, ἀλλὰ μὴ πρὸς ὑμᾶς ἐσπούδαζον, οὐκ ἂν ταύτην ἐξ ἁπασῶν προειλόμην τὴν ὑπόθεσιν, περὶ ἧς χαλεπόν ἐστιν ἐπιεικῶς εἰπεῖν, ἀλλὰ πολὺ καλλίους ἑτέρας ἂν εὗρον καὶ μᾶλλον λόγον ἐχούσας. ἀλλὰ γὰρ οὔτε πρότερον οὐδὲ πώποτ᾽ ἐφιλοτιμήθην ἐπὶ τούτοις, ἀλλ᾽ ἐφ᾽ ἑτέροις μᾶλλον, ἃ τοὺς πολλοὺς διαλέληθεν, οὔτε νῦν ἔχων ταύτην τὴν διάνοιαν ἐπραγματευσάμην,

[6] ἀλλ᾽ ὑμᾶς μὲν ὁρῶν ἐν πολλοῖς καὶ μεγάλοις πράγμασιν ὄντας, αὐτὸς δ᾽ ἀποφήνασθαι βουλόμενος ἣν ἔχω γνώμην περὶ αὐτῶν. ἡγοῦμαι δὲ συμβουλεύειν μὲν ἀκμὴν ἔχειν, αἱ γὰρ ἐμπειρίαι παιδεύουσι τοὺς τηλικούτους καὶ ποιοῦσι μᾶλλον τῶν ἄλλων δύνασθαι καθορᾶν τὸ βέλτιστον, εἰπεῖν δὲ περὶ τῶν προτεθέντων ἐπιχαρίτως καὶ μουσικῶς καὶ διαπεπονημένως οὐκέτι τῆς ἡμετέρας ἡλικίας ἐστὶν, ἀλλ᾽ ἀγαπῴην ἂν εἰ μὴ παντάπασιν ἐκλελυμένως διαλεχθείην περὶ αὐτῶν.

[6] 1 ὁρῶν ἐν codd. : ἑώρων Γ 5 ποιοῦσι Γ : δοκοῦσι vulg. 8 ἐστὶν ΓΕ : ἔργον ἐστὶν vulg.

[5] 이어서 말하자면 만약 내가 과시하는 데 정신이 팔려 그대들에게는 열성을 보이지 않았다면 나는 모든 주제들 중에서 공정유연하게 말하기 어려운 그 주제를 선택하지는 않았을 것이며 대신 훨씬 더 아름답고 훨씬 더 논리적인 다른 주제들을 찾아냈을 겁니다. 왜냐하면 나는 이전에 그런 연설들에 대한 공명심을 단 한 번도 가져본 적이 없을 뿐만 아니라, 오히려 많은 사람들이 보지 못했던 다른 형식의 연설들에 마음을 두었으며 지금도 나는 그런 생각을 갖고 주제를 다루었던 것은 아니기 때문입니다.

[6] 반대로 나는 그대들이 많은 중대한 일들에 연루되어 있음을 보면서 그것들에 관하여 내가 가지고 있는 견해를 드러내고 싶었던 것입니다. 그런데 나는 조언을 하기에 아주 좋은 한창 나이[56]라고 생각합니다. 경험은 나와 같은 나이의 사람들을 교육하며, 다른 사람들보다도 가장 좋은 것을 더 많이 알아볼 수 있도록 만들어줍니다. 그렇지만 앞에 놓인 문제들에 관해 우아하면서도 음악적이고 공을 많이 들여 말을 하는 것은 더 이상 우리 나이에 할 일은 아닙니다.[57] 나는 그 문제들에 관해서는 완전히 부주의하게 말하지만 않는다면 만족할 수 있을 것입니다.

[7] μὴ θαυμάζετε δ' ἄν τι φαίνωμαι λέγων ὧν πρότερον ἀκηκόατε· τῷ μὲν γὰρ ἴσως ἄκων ἂν ἐντύχοιμι, τὸ δὲ καὶ προειδώς, εἰ πρέπον εἰς τὸν λόγον εἴη, προσλάβοιμι· καὶ γὰρ ἂν ἄτοπος εἴην, εἰ τοὺς ἄλλους ὁρῶν τοῖς ἐμοῖς χρωμένους αὐτὸς μόνος ἀπεχοίμην τῶν ὑπ' ἐμοῦ πρότερον εἰρημένων. τούτου δ' ἕνεκα ταῦτα προεῖπον, ὅτι τὸ πρῶτον ἐπιφερόμενον ἓν τῶν τεθρυλημένων ἐστίν.

[8] εἴθισμαι γὰρ λέγειν πρὸς τοὺς περὶ τὴν φιλοσοφίαν τὴν ἡμετέραν διατρίβοντας ὅτι τοῦτο πρῶτον δεῖ σκέψασθαι, τί τῷ λόγῳ καὶ τοῖς τοῦ λόγου μέρεσι διαπρακτέον ἐστίν· ἐπειδὰν δὲ τοῦθ' εὕρωμεν καὶ διακριβωσώμεθα, ζητητέον εἶναί φημι τὰς ἰδέας, δι' ὧν ταῦτ' ἐξεργασθήσεται καὶ λήψεται τέλος ὅπερ ὑπεθέμεθα. καὶ ταῦτα φράζω μὲν ἐπὶ τῶν λόγων, ἔστιν δὲ τοῦτο στοιχεῖον καὶ κατὰ τῶν ἄλλων ἁπάντων καὶ κατὰ τῶν ὑμετέρων πραγμάτων.

[7] 5 ἐπιφερόμενον ΓΕ : ἐπιφαινόμ- vulg.

[7] 그런데 예전에 그대들이 들었던 것들 가운데 어떤 것을 내가 말하는 것으로 드러나더라도 놀라지 마십시오. 아마도 나는 어떤 것은 무심코 말하고, 어떤 것은 그것이 논리 전개에 적절하다면 미리 생각한 다음에 가져다 쓸 것입니다. 다른 사람들이 내가 쓴 글들을 가져다 쓰는 것을 보면서[58] 막상 나 자신만은 내가 전에 했던 말에서 배제된다면 그것도 이상할 테니까요.[59] 내가 앞서 그런 말을 한 것은 처음에 내놓은 것이 재차 반복되던 것 중에 하나이기 때문입니다.

[8] 실제로 나는 나의 철학을 공부하며 소일하는 제자들에게[60] 습관적으로 가장 먼저 '말과 말의 부분들로써 무엇을 완수해야 하는가?'를 살펴봐야만 한다고 말하곤 합니다. 그리고 우리가 이것을 발견하고 정확하게 규정하면 그것을 드러낼 수 있는 모양새[58]를 찾아야만 한다고 말합니다. 그 모양새를 통해 그것들은 정교하게 다듬어지고 우리가 애초에 설정한 바로 그 목적을 달성할 것입니다. 그리고 나는 이것들을 일단 말과 관련시켜 설명했지만 이것은 다른 모든 것들은 물론이고 그대들의 문제들에도 적용되는 요소입니다.

---

58 "그것을 드러낼 수 있는 모양새"는 '이데아'(idea)를 풀어서 번역한 것이다. 플라톤 철학에서 이 개념은 사물들의 보편적이고 절대적인 형상을 가리킨다. 이소크라테스에게서는 보이지 않는 생각을 드러내주는 구체적인 '말(특히 연설)의 형식'을 가리키며, 말을 구성하는 기본 요소(stoikheion)를 가리킨다.

[9] οὐδὲν γὰρ οἷόν τ' ἐστὶ πραχθῆναι νοῦν ἐχόντως, ἂν μὴ τοῦτο πρῶτον μετὰ πολλῆς προνοίας λογίσησθε καὶ βουλεύσησθε, πῶς χρὴ τὸν ἐπίλοιπον χρόνον ὑμῶν αὐτῶν προστῆναι καὶ τίνα βίον προελέσθαι καὶ ποίας δόξης ὀριγνηθῆναι καὶ ποτέρας τῶν τιμῶν ἀγαπῆσαι, τὰς παρ' ἑκόντων γιγνομένας ἢ τὰς παρ' ἀκόντων τῶν πολιτῶν· ταῦτα δὲ διορισαμένους τότ' ἤδη τὰς πράξεις τὰς καθ' ἑκάστην τὴν ἡμέραν σκεπτέον, ὅπως συντενοῦσι πρὸς τὰς ὑποθέσεις τὰς ἐξ ἀρχῆς γενομένας.

[10] καὶ τοῦτον μὲν τὸν τρόπον ζητοῦντες καὶ φιλοσοφοῦντες ὥσπερ σκοποῦ κειμένου στοχάσεσθε τῇ ψυχῇ καὶ μᾶλλον ἐπιτεύξεσθε τοῦ συμφέροντος· ἂν δὲ μηδεμίαν ποιήσησθε τοιαύτην ὑπόθεσιν, ἀλλὰ τὸ προσπῖπτον ἐπιχειρῆτε πράττειν, ἀναγκαῖόν ἐστιν ὑμᾶς ταῖς διανοίαις πλανᾶσθαι καὶ πολλῶν διαμαρτάνειν πραγμάτων.

[9] 5-6 γιγνομένας···ἀκόντων τῶν om. Γ[1] ins. Γ mg.   7 ἤδη Γ : ἰδίᾳ cett. [10] 1 καὶ φιλοσοφοῦντες om. Γ   2-3 τῇ ψυχῇ···ἐπιτεύξεσθε om. Γ[1] ins. Γ mg.

[9] 왜냐하면 그대들이 많은 것을 미리 생각해보면서 먼저 이것을, 즉 남은 시간 동안 그대들이 자신들을 어떻게 이끌어나가야 하는지 그리고 어떤 삶을 선택하고 어떤 평판을 지향해야만 하며 명예 가운데에서 어떤 것을 마음에 들어 할 것인지, 즉 시민들이 기꺼운 마음으로 돌리는 명예인지 아니면 마지못해 돌리는 명예인지를 논리적으로 따져보고 계획하지 않는다면 지성적인 방법으로는 어떤 행동도 할 수가 없기 때문입니다. 그런데 이런 것들을 명확하게 규정하고 나면 그때서야 비로소[59] 매일같이 접하는 일상적인 행위들이 처음에 마련한 청사진들에 부합할 수 있는 방법을 살펴보아야 합니다.

[10] 그리고 바로 이 방법으로 그대들은 탐구하고 철학하며,[60] 마치 영혼 앞에 놓인 것 같은 과녁을 겨냥하여 이로운 것을 더 많이 적중시킬 수 있을 것입니다. 그런데 만약 그대들이 그런 청사진을 하나도 만들지 않고 그 대신 되는대로 맞닥뜨리는 것을 실행하려고 시도한다면 필연적으로 그대들은 생각에서도 방황하고 많은 일에서도 실수를 범하게 될 것입니다.[61)]

59 "그때서야 비로소"(tot' ēdē)는 주요 필사본 Γ를 따라 읽은 것이다. 다른 주요 필사본들에는 "그때서야 개인적으로" 또는 "그때서야 특별히"(tot' idiāi)라고 적혀 있다.

60 "철학하며"(philosophountes)라는 표현은 주요 필사본 Γ에는 생략되어 있다.

[11] ἴσως ἂν οὖν τις τῶν εἰκῇ ζῆν προῃρημένων τοὺς μὲν τοιούτους λογισμοὺς διασύρειν ἐπιχειρήσειεν, ἀξιώσειε δ᾽ ἂν ἤδη με συμβουλεύειν περὶ τῶν προειρημένων. ἔστιν οὖν οὐκ ὀκνητέον ἀποφήνασθαι περὶ αὐτῶν ἃ τυγχάνω γιγνώσκων. ἐμοὶ γὰρ αἱρετώτερος ὁ βίος εἶναι δοκεῖ καὶ βελτίων ὁ τῶν ἰδιωτευόντων ἢ τῶν τυραννούντων, καὶ τὰς τιμὰς ἡδίους ἡγοῦμαι τὰς ἐν ταῖς πολιτείαις ἢ τὰς ἐν ταῖς μοναρχίαις· καὶ περὶ τούτων λέγειν ἐπιχειρήσω.

[12] καίτοι μ᾽ οὐ λέληθεν ὅτι πολλοὺς ἕξω τοὺς ἐναντιουμένους, καὶ μάλιστα τοὺς περὶ ὑμᾶς. οἶμαι γὰρ οὐχ ἥκιστα τούτους ἐπὶ τὴν τυραννίδα παροξύνειν ὑμᾶς· σκοποῦσι γὰρ οὐ πανταχῇ τὴν φύσιν τοῦ πράγματος, ἀλλὰ πολλὰ παραλογίζονται σφᾶς αὐτούς. τὰς μὲν γὰρ ἐξουσίας καὶ τὰ κέρδη καὶ τὰς ἡδονὰς ὁρῶσιν, καὶ τούτων ἀπολαύσεσθαι προσδοκῶσιν, τὰς δὲ ταραχὰς καὶ τοὺς φόβους καὶ τὰς συμφορὰς τὰς τοῖς ἄρχουσιν συμπιπτού σας καὶ τοῖς φίλοις αὐτῶν οὐ θεωροῦσιν, ἀλλὰ πεπόνθασιν ὅπερ οἱ τοῖς αἰσχίστοις καὶ παρανομωτάτοις τῶν ἔργων ἐπιχειροῦντες.

[11] 5 αἱρετώτερος ὁ Γ : ἀσφαλέστερος vulg. 6 ἢ τῶν Helmstad. : ἢ ὁ τῶν cett. [12] 6-7 καὶ τοὺς φόβους om. Γ

[11] 아마도 아무렇게나 살기로 선택한 사람들 중에 어떤 이는 이러한 논리를 파괴하려 시도를 할 수도 있고 그때서야 비로소 앞에서 말한 것들에 관해 나에게 조언을 부탁할 수도 있을 겁니다. 그러므로 나는 내가 생각하는 것에 관한 입장표명을 망설일 필요가 없습니다. 저는 평범하게 사는 사람들의 삶이 참주 노릇을 하는 사람들의 삶보다 더 취할 만하고 더 좋다는 의견을 갖고 있으며, 시민 중심의 정치체제 안에서 얻는 명예가 독재정 안에서 누리는 명예보다 더 달콤하다고 생각합니다.[62] 이 점에 관해서도 말해보도록 하겠습니다.

[12] 그렇지만 나는 내가 많은 반대자들을 갖게 되리라는 것을, 특히 그대의 주변 사람들이 그러리라는 것을 모르지 않습니다. 나는 바로 그 사람들이 그대들에게 참주 노릇을 하라고 적잖게 촉구하고 있다고 생각합니다. 실제로 그들은 사태의 본성은 전혀 살펴보지 못하며 많은 점에서 그들 스스로가 잘못된 논리에 빠집니다. 왜냐하면 그들은 권력과 재물과 쾌락을 보면서 그것들을 즐길 수 있기를 기대하지만, 정작 그들의 지도자들과 친구들이 맞닥뜨린 혼란과 공포와 불행은 보지 못하고 있기 때문입니다. 그들은 가장 추하고 가장 불법적인 일들에 손을 대는 사람들이 겪는 바로 그것을 고스란히 겪고 있는 것입니다.

[13] καὶ γὰρ ἐκεῖνοι τὰς μὲν πονηρίας τὰς τῶν πραγμάτων οὐκ ἀγνοοῦσιν, ἐλπίζουσιν δ' ὅσον μὲν ἀγαθόν ἐστιν ἐν αὐτοῖς, τοῦτο μὲν ἐκλήψεσθαι, τὰ δὲ δεινὰ πάντα τὰ προσόντα τῷ πράγματι καὶ τὰ κακὰ διαφεύξεσθαι, καὶ διοικήσειν τὰ περὶ σφᾶς αὐτοὺς οὕτως ὥστε τῶν μὲν κινδύνων εἶναι πόρρω, τῶν δ' ὠφελειῶν ἐγγύς.

[14] τοὺς μὲν οὖν ταύτην ἔχοντας τὴν διάνοιαν ζηλῶ τῆς ῥᾳθυμίας, αὐτὸς δ' αἰσχυνθείην ἄν, εἰ συμβουλεύων ἑτέροις ἐκείνων ἀμελήσας τὸ ἐμαυτῷ συμφέρον ποιοίην καὶ μὴ παντάπασιν ἔξω θεὶς ἐμαυτὸν καὶ τῶν ὠφελειῶν καὶ τῶν ἄλλων ἁπάντων τὰ βέλτιστα παραινοίην. ὡς οὖν ἐμοῦ ταύτην ἔχοντος τὴν γνώμην, οὕτω μοι προσέχετε τὸν νοῦν. . . . . .

[14] 4 ὠφελειῶν καὶ τῶν om. Γ[1] ins. Γ mg.

[13] 또한 그들은 자기들이 행한 일들의 사악함을 모르는 것은 아니지만 자기들 안에서 좋은 것이라면 그 무엇이든지 그것만은 빼내서 자신들이 갖기를 희망하는 한편, 그 일에 수반되는 모든 무서운 것들과 나쁜 것들은 요리조리 피하기를 바라고 위험에서는 멀어지고 이익에는 가깝게 있을 수 있는 방법으로 그들 자신들과 관련된 일들은 잘 꾸려나가기를 희망하기 때문입니다.

[14] 그러므로 일단 나는 그런 생각을 가지고 있는 사람들의 마음 편한 태도를 부러워하긴 하지만, 만약 내가 다른 사람과 함께 논의를 하면서도 그들에 대해서는 마음을 쓰지 않고 나 자신의 잇속만을 챙기며, 나 자신을 그 이익들과[61] 다른 모든 것들에서 완전히 떼어놓지 못한 채 최선의 조언을 하지 않는다면 나 자신이 부끄러울 것입니다. 그러므로 내가 이런 견해를 갖고 있다는 생각을 한다면 나에게 주의를 기울여주십시오….[62]

---

61 "그 이익들과"(tōn ōpheleitōn)라는 표현은 주요 필사본 Γ의 여백에 표기되어 있는데, 대부분의 현대 편집본들은 이것을 본문에 넣어 읽는다.

62 이 다음에는 테살리아의 미래 지도자들을 위한 실용적이고 실천적인 조언이 이어졌으리라 추정된다. 그곳의 정치체제는 왕이 다스리는 독재정의 형태였을 텐데, 그 정치체제 아래에서 어떤 이점을 어떻게 살릴 수 있는지를 설명하면서 이야기를 풀어나갔을 것으로 보이지만 아쉽게도 뒷부분은 소실되었다.

7. ΤΙΜΟΘΕΩΙ

[1] περὶ μὲν τῆς οἰκειότητος τῆς ὑπαρχούσης ἡμῖν πρὸς ἀλλήλους οἶμαί σε πολλῶν ἀκηκοέναι, συγχαίρω δέ σοι πυνθανόμενος, πρῶτον μὲν ὅτι τῇ δυναστείᾳ τῇ παρούσῃ κάλλιον χρῇ τοῦ πατρὸς καὶ φρονιμώτερον, ἔπειθ᾽ ὅτι προαιρεῖ δόξαν καλὴν κτήσασθαι μᾶλλον ἢ πλοῦτον μέγαν συναγαγεῖν. σημεῖον γὰρ οὐ μικρὸν ἐκφέρεις ἀρετῆς, ἀλλ᾽ ὡς δυνατὸν μέγιστον, ταύτην ἔχων τὴν γνώμην· ὥστ᾽ ἢν ἐμμείνῃς τοῖς περὶ σοῦ νῦν λεγομένοις, οὐκ ἀπορήσεις τῶν ἐγκωμιασομένων τήν τε φρόνησιν τὴν σὴν καὶ τὴν προαίρεσιν ταύτην.

[2] ἡγοῦμαι δὲ καὶ τὰ διηγγελμένα περὶ τοῦ πατρός σου συμβαλέσθαι μεγάλην πίστιν πρὸς τὸ δοκεῖν εὖ φρονεῖν σε καὶ διαφέρειν τῶν ἄλλων· εἰώθασι γὰρ οἱ πλεῖστοι τῶν ἀνθρώπων οὐχ οὕτως ἐπαινεῖν καὶ τιμᾶν τοὺς ἐκ τῶν πατέρων τῶν εὐδοκιμούντων γεγονότας ὡς τοὺς ἐκ τῶν δυσκόλων καὶ χαλεπῶν, ἤν περ φαίνωνται μηδὲν ὅμοιοι τοῖς γονεῦσιν ὄντες. μᾶλλον γὰρ ἐπὶ πάντων κεχαρισμένον αὐτοῖς ἐστὶν τὸ παρὰ λόγον συμβαῖνον ἀγαθὸν τῶν εἰκότως καὶ προσηκόντως γιγνομένων.

Τιμοθέῳ Γ : Ἰσοκράτης Τιμοθέῳ χαίρειν vulg.

7. 티모테오스에게

[1] 나는 우리가 서로에 대해 가지고 있는 친분에 관해 자네가 많은 사람들로부터 들었다고 생각하는 한편, 자네에 관한 새로운 사실을 알고 자네 때문에 기뻐한다네. 첫째, 자네는 현재 가지고 있는 권력을 자네의 아버지보다 더 아름답고 더 현명하게 사용한다는 것,[63] 그다음으로 자네가 큰 부를 축적하는 것보다도 오히려 아름다운 평판을 얻는 것을 선택한다는 것이라네. 자네가 그런 견해를 가짐으로써 탁월성의 적지 않은, 아니 가능한 최대의 증거를 드러내고 있는 것이라네. 그래서 자네에 관해 내가 지금 말하는 것에 계속 충실하면 자네는 자네의 현명함과 그 선택[64]을 칭송할 사람들이 부족할 일은 없을 것일세.

[2] 그런데 나는 자네의 아버지에 관해 전해진 내용들이 자네가 현명한 판단을 잘 내리고 다른 사람들보다 더 뛰어난 것 같다는 의견에 대해 큰 신뢰감을 가져다주었다고 생각하네. 대다수의 사람들은 까다롭고 깐깐한 아버지에게서 태어난 자식들에 대해서는 칭찬하고 명예롭게 하지만, 평판이 좋은 아버지에게서 태어난 자식들에 대해서는 그만큼 하지 않는 습성이 있기 때문이지. 실제로 모든 경우에서 그들은 논리적으로 설명이 안 되는 좋은 일들이 일어나면 그럴듯하고 적절한 방식으로 좋은 일이 일어난 것보다 훨씬 더 기분 좋게 여기는 것이라네.

[3] ὧν ἐνθυμούμενον χρὴ ζητεῖν καὶ φιλοσοφεῖν ἐξ ὅτου τρόπου καὶ μετὰ τίνων καὶ τίσι συμβούλοις χρώμενος τάς τε τῆς πόλεως ἀτυχίας ἐπανορθώσεις καὶ τοὺς πολίτας ἐπί τε τὰς ἐργασίας καὶ τὴν σωφροσύνην προτρέψεις καὶ ποιήσεις αὐτοὺς ἥδιον ζῆν καὶ θαρραλεώτερον ἢ τὸν παρελθόντα χρόνον· ταῦτα γάρ ἐστιν ἔργα τῶν ὀρθῶς καὶ φρονίμως τυραννευόντων.

[4] ὧν ἔνιοι καταφρονήσαντες οὐδὲν ἄλλο σκοποῦσιν, πλὴν ὅπως αὐτοί θ' ὡς μετὰ πλείστης ἀσελγείας τὸν βίον διάξουσιν, τῶν τε πολιτῶν τοὺς βελτίστους καὶ πλουσιωτάτους καὶ φρονιμωτάτους λυμανοῦνται καὶ δασμολογήσουσιν, κακῶς εἰδότες ὅτι προσήκει τοὺς εὖ φρονοῦντας καὶ τὴν τιμὴν ταύτην ἔχοντας μὴ τοῖς τῶν ἄλλων κακοῖς αὐτοῖς ἡδονὰς παρασκευάζειν, ἀλλὰ ταῖς αὐτῶν ἐπιμελείαις τοὺς πολίτας εὐδαιμονεστέρους ποιεῖν,

[4] 4 λυμανοῦνται Γ : ἀμυνοῦνται cett.

[3] 이런 것들을 곰곰이 따져보면서 자네는 어떤 방법으로 누구와 함께 어떤 조언을 활용하고, 도시에 닥친 불운을 바로잡으며 시민들로 하여금 성실하게 일하고 절제하도록 권면하며 그들로 하여금 지나간 시간보다 더 즐겁고 더 당당하게[63] 살아가게 만들 것인가의 문제를 놓고 탐구하고 철학을 해야만 하네. 왜냐하면 이런 일들이 올바르고 현명하게 참주 역할을 해나가는 사람들이 해야 할 일이기 때문이지.

[4] 어떤 사람들은 이런 것들을 무시하면서[64] 어떻게 하면 그들 자신도 극도로 무례하게 삶을 영위해나갈 수 있을까 하는 것 이외에는 다른 아무것도 살펴보지 않으며, 시민들 중에서 가장 훌륭하고 가장 부유하며 가장 현명한 사람들을 함부로 대하면서 착취한다네.[65] 그들이 잘 모르는 것이 있지. 즉, 다른 사람들의 불행을 이용해서 쾌락을 얻지 않고, 대신 자기 자신들을 돌봄으로써 시민들을 행복하게 만드는 것이 현명한 판단을 잘하며 그런 명예를 갖는 사람들에게 적합하다는 것 말일세.[65)]

63 또는 '더 큰 자심을 가지고'

64 "무시하면서"(kataphronēsantes)는 '무시하면서도 그렇게 하는 것이 현명한 판단이라고 생각(착각)하면서'라는 뜻을 갖는다. 뒤에 나오는 "현명한 판단을 잘하며"(eu phronountas)와 반대되는 뜻이다.

65 Γ 이외의 다른 필사본들에는 "착취한다네"(lumanountai) 대신에 "처벌한다네"(amunountai)라고 적혀 있다.

[5] μηδὲ πικρῶς μὲν καὶ χαλεπῶς διακεῖσθαι πρὸς ἅπαντας, ἀμελεῖν δὲ τῆς αὐτῶν σωτηρίας, ἀλλ᾽ οὕτω μὲν πράως καὶ νομίμως ἐπιστατεῖν τῶν πραγμάτων ὥστε μηδένα τολμᾶν αὐτοῖς ἐπιβουλεύειν, μετὰ τοσαύτης δ᾽ ἀκριβείας τὴν τοῦ σώματος ποιεῖσθαι φυλακὴν ὡς ἁπάντων αὐτοὺς ἀνελεῖν βουλομένων. ταύτην γὰρ τὴν διάνοιαν ἔχοντες αὐτοί τ᾽ ἂν ἔξω τῶν κινδύνων εἶεν καὶ παρὰ τοῖς ἄλλοις εὐδοκιμοῖεν· ὧν ἀγαθὰ μείζω χαλεπὸν εὑρεῖν ἐστίν.

[6] ἐνεθυμήθην δὲ μεταξὺ γράφων, ὡς εὐτυχῶς ἅπαντά σοι συμβέβηκεν. τὴν μὲν γὰρ εὐπορίαν, ἣν ἀναγκαῖον ἦν κτήσασθαι μετὰ βίας καὶ τυραννικῶς καὶ μετὰ πολλῆς ἀπεχθείας, ὁ πατήρ σοι καταλέλοιπεν, τὸ δὲ χρῆσθαι τούτοις καλῶς καὶ φιλανθρώπως ἐπὶ σοὶ γέγονεν· ὧν χρή σε πολλὴν ποιεῖσθαι τὴν ἐπιμέλειαν.

[5] 7 ἄλλοις Turicenses : ἄλλοις Ἕλλησιν vulg. : Ἕλλησιν ΓΕ

[5] 그리고 날카롭지도 깐깐하지도 않은 태도로 모든 사람들을 대하는 한편, 자신들의 안전에 무관심하지 않고 대신 그 누구도 감히 그들에 대해 음모를 못 꾸미게 할 정도로 부드럽고도 합법적인 태도로 업무들을 주관해나가며, 마치 모든 사람들이 그들을 파멸시키기를 원하고나 있는 듯이 그렇게 빈틈없이 정확하게 자신의 몸을 호위하는 것이 적절하다는 것을 말일세. 실제로 그런 생각을 품고 있다면 그들 자신들은 위험에서 벗어나 있을 것이며 다른 사람들 사이에서[66] 평판이 좋을 것이네. 이런 것들보다 더 중요한 좋은 일들을 찾아내는 것은 어렵다네.

[6] 글을 쓰는 중간에 나는 곰곰이 따져보았다네. 어떻게 이 모든 일들이 운이 좋게도 자네에게 일어난 것인지를 말일세. 실제로 자네의 아버지가 자네에게 남겨주었던 것은 필연적으로 강압과 참주적인 행위와 수많은 증오가 있어야만 얻을 수 있는 풍요로움이었지만, 그것들을 아름답고 인도적으로 사용하는 것은 자네에게 달렸네.[66)] 자네는 이것들을 돌보는 일을 많이 해야 한다네.

---

66 "다른 사람들 사이에서"(allois)는 투리켄세스(Turicenses)가 고쳐 읽은 것이다. 주요 필사본 ΓE에는 "헬라스인들 사이에서"(Hellēsin)라고 되어 있고, 통속적 필사본에는 "다른 헬라스인들 사이에서"(allois Hellēsin)라고 되어 있다.

[7] ἃ μὲν οὖν ἐγὼ γιγνώσκω, ταῦτ᾽ ἐστίν· ἔχει δ᾽ οὕτως. εἰ μὲν ἐρᾷς χρημάτων καὶ μείζονος δυναστείας καὶ κινδύνων, δι᾽ ὧν αἱ κτήσεις τούτων εἰσὶν, ἑτέρους σοι συμβούλους παρακλητέον· εἰ δὲ ταῦτα μὲν ἱκανῶς ἔχεις, ἀρετῆς δὲ καὶ δόξης καλῆς καὶ τῆς παρὰ τῶν πολλῶν εὐνοίας ἐπιθυμεῖς, τοῖς τε λόγοις τοῖς ἐμοῖς προσεκτέον τὸν νοῦν ἐστιν καὶ τοῖς καλῶς τὰς πόλεις τὰς αὑτῶν διοικοῦσιν ἁμιλλητέον καὶ πειρατέον αὐτῶν διενεγκεῖν.

[8] ἀκούω δὲ Κλέομμιν τὸν ἐν Μηθύμνῃ ταύτην ἔχοντα τὴν δυναστείαν περί τε τὰς ἄλλας πράξεις καλὸν κἀγαθὸν εἶναι καὶ φρόνιμον, καὶ τοσοῦτον ἀπέχειν τοῦ τῶν πολιτῶν τινας ἀποκτεί-νειν ἢ φυγαδεύειν ἢ δημεύειν τὰς οὐσίας ἢ ποιεῖν ἄλλο τι κακὸν ὥστε πολλὴν μὲν ἀσφάλειαν παρέχειν τοῖς συμπολιτευομένοις, κατάγειν δὲ τοὺς φεύγοντας,

[7] 2 μείζονος Γ : πολλῆς cett.

[7] 그러므로 일단 내가 알고 있는 것은 바로 이것이라네. 하지만 사실은 이렇다네. 자네가 만약 제물과 더 큰 권력과 이런 것들을 얻기 위해 요구되는 위험들을 사랑한다면 자네는 다른 조언들에 귀를 기울여야 할걸세. 하지만 자네가 만약 이것들은 충분히 가지고 있기에 덕과 아름다운 평판과 많은 사람들의 호의를 갈망한다면 자네는 내 말에 마음을 둬야만 하며 자신들의 도시들을 아름답게 운영해나가는 사람들과 경쟁을 해야만 한다네. 또한 그들보다 더 뛰어나도록 노력해야만 하고.

[8] 그런데 나는 메튐나에서 그런 권력을 가진 클레옴미스[67]에 관해 이런 말을 듣는다네. 그가 다른 행위들에서는 아름답고 좋은 사람이고 현명하며, 또한 시민들 가운데 누군가를 죽인다거나 추방한다거나 재산을 몰수한다거나 다른 나쁜 짓을 하는 데에서는 거리를 충분히 두고 있기 때문에 동료 시민들에게 확고한 안전을 선사하는 한편 추방당한 사람들을 다시 불러들인다는 것일세.

67 레스보스섬의 메튐나의 지도자. 그에 관해서는 그 이상 알려진 바가 없다.

[9] ἀποδιδόναι δὲ τοῖς μὲν κατιοῦσιν τὰς κτήσεις, ἐξ ὧν ἐξέπεσον, τοῖς δὲ πριαμένοις τὰς τιμὰς τὰς ἑκάστοις γιγνομένας, πρὸς δὲ τούτοις καθοπλίζειν ἅπαντας τοὺς πολίτας ὡς οὐδενὸς μὲν ἐπιχειρήσοντος περὶ αὐτὸν νεωτερίζειν, ἢν δ᾽ ἄρα τινὲς τολμήσωσιν, ἡγούμενον λυσιτελεῖν αὐτῷ τεθνάναι τοιαύτην ἀρετὴν ἐνδειξαμένῳ τοῖς πολίταις μᾶλλον ἢ ζῆν πλείω χρόνον τῇ πόλει τῶν μεγίστων κακῶν αἴτιον γενόμενον.

[10] ἔτι δ᾽ ἂν πλείω σοι περὶ τούτων διελέχθην, ἴσως δ᾽ ἂν καὶ χαριέστερον, εἰ μὴ παντάπασιν ἔδει με διὰ ταχέων γράψαι σοι τὴν ἐπιστολήν. νῦν δὲ σοὶ μὲν αὖθις συμβουλεύσομεν, ἂν μὴ κωλύσῃ με τὸ γῆρας, ἐν δὲ τῷ παρόντι περὶ τῶν ἰδίων δηλώσομεν. Αὐτοκράτωρ γὰρ ὁ τὰ γράμματα φέρων οἰκείως ἡμῖν ἔχει·

[9] 그리고 그는 돌아온 사람들에게는 그들이 빼앗겼던 재물은 돌려주며 구입한 사람들에게는 그에 값하는 만큼을 보상해준다고 하네.[68] 게다가 그는 모든 시민들에게 무장을 제공하는데, 아무도 자신에게 혁명을 시도하지 않으리라는 믿음에서 그렇게 하는 것일세. 그런데 만약 누군가가 혁명을 감행한다면 그는 이렇게 생각한다네. '시민들에게 그런 덕을 보여주고 나서 죽는 것이 좀 더 오랜 시간을 연명하려고 도시에 중대한 악행을 일으키는 자가 되는 것보다는 훨씬 낫지.'

[10] 아직도 나는, 만약 내가 신속하게 이 편지를 자네에게 써야만 하는 일이 절대적으로 필요한 상황이 아니라면[69] 자네에게 그것들에 관해 더 많이, 아마도 더 우아하게 말할 수 있을 텐데, 지금은 여의치 않으니, 만약 노령이 나를 방해하지만 않는다면 나중에 다시 자네에게 조언하겠네. 현재로서는 개인적인 일에 관해 밝히고자 하네. 이 글을 가지고 가는 아우토크라토르는 우리에겐 가족과도 같은 사람이라네.

---

68 이소크라테스는 『뮈틸레나이아 사람들의 지도자들에게』 3에서도 이와 같은 행동을 권장한다.

69 하지만 지금은 아우토크라토르가 막 떠나려고 하기 때문에 신속하게 서둘러야만 한다.

[11] περί τε γὰρ τὰς διατριβὰς τὰς αὐτὰς γεγόναμεν καὶ τῇ τέχνῃ πολλάκις αὐτοῦ κέχρημαι καὶ τὸ τελευταῖον περὶ τῆς ἀποδημίας τῆς ὡς σὲ σύμβουλος ἐγενόμην αὐτῷ. διὰ δὴ ταῦτα πάντα βουλοίμην ἂν σε καλῶς αὐτῷ χρήσασθαι καὶ συμφερόντως ἀμφοτέροις ὑμῖν, καὶ γενέσθαι φανερὸν ὅτι μέρος τι καὶ δι' ἐμὲ γίγνεταί τι τῶν δεόντων αὐτῷ.

[12] καὶ μὴ θαυμάσῃς εἰ σοὶ μὲν οὕτως ἐπιστέλλω προθύμως, Κλεάρχου δὲ μηδὲν πώποτ' ἐδεήθην. σχεδὸν γὰρ ἅπαντες οἱ παρ' ὑμῶν καταπλέοντες σὲ μὲν ὅμοιόν φασιν εἶναι τοῖς βελτίστοις τῶν ἐμοὶ πεπλησιακότων, Κλέαρχον δὲ κατὰ μὲν ἐκεῖνον τὸν χρόνον ὅτ' ἦν παρ' ἡμῖν, ὡμολόγουν, ὅσοι περ ἐνέτυχον, ἐλευθεριώτατον εἶναι καὶ πραότατον καὶ φιλανθρωπότατον τῶν μετεχόντων τῆς διατριβῆς· ἐπειδὴ δὲ τὴν δύναμιν ἔλαβεν, τοσοῦτον ἔδοξε μεταπεσεῖν ὥστε πάντας θαυμάζειν τοὺς πρότερον αὐτὸν γιγνώσκοντας.

[11] 5 ὑμῖν $Γ^1$Ε : ἡμῖν $Γ^2$ vulg.

[11] 실제로 우리는 똑같은 소일거리에 종사하고 있고, 종종 나는 그의 기술을 이용한다네. 마지막으로 덧붙이자면, 나는 자네에게로 가는 그의 여행에 관해 그의 조언가가 되어주었다네. 이런 모든 이유로 나는 자네가 그와 자네 두 사람에게[67] 유익하고도 아름답게 그를 활용하리라 소망하며, 그리고 부분적으로나마 나로 인해 그가 필요로 하는 것들 가운데 무엇인가를 분명하게 얻게 되리라고 소망할 수 있다네.

[12] 그리고 내가 클레아르코스에게는 단 한 번도 요구를 해본 적이 없는데도 자네에게는 이토록이나 간절하게 편지를 쓴다고 해서 놀라지 말게나. 왜냐하면 자네들의 도시에서 배를 타고 이곳에 온 사람들은 거의 모두 자네가 내 곁의 문하생들 가운데 가장 훌륭한 사람들과 비슷하다고 말을 하기 때문이라네. 하지만 클레아르코스에 대해서는 그를 만났던 사람이라면 누구나 그가 우리 곁에 있던 그 시간 동안은 우리와 소일거리를 함께했던 사람들 중에 가장 자유시민답고 가장 점잖으며 가장 인간애가 넘쳤다는 것에는 동의했다네. 그러나 그가 권력을 잡고 난 다음에는 그를 예전에 알던 사람이라면 누구나 깜짝 놀랄 만큼 너무나 많이 변한 것처럼 보였지.

[13] πρὸς μὲν οὖν ἐκεῖνον διὰ ταύτας τὰς αἰτίας ἀπηλλοτριώθην· σὲ δ' ἀποδέχομαι καὶ πρὸ πολλοῦ ποιησαίμην ἂν οἰκείως διατεθῆναι πρὸς ἡμᾶς. δηλώσεις δὲ καὶ σὺ διὰ ταχέων εἰ τὴν αὐτὴν γνώμην ἔχεις ἡμῖν. Αὐτοκράτορός τε γὰρ ἐπιμελήσει καὶ πέμψεις ἐπιστολὴν ὡς ἡμᾶς, ἀνανεούμενος τὴν φιλίαν καὶ ξενίαν τὴν πρότερον ὑπάρχουσαν. ἔρρωσο, κἂν του δέῃ τῶν παρ' ἡμῖν, ἐπίστελλε.

[13] 그래서 일단 나는 그런 이유들 때문에 그와 거리를 두었던 것이라네. 그렇지만 나는 자네를 신뢰하며 자네가 우리와 가족과도 같은 관계를 갖는 것을 중요하게 여긴다네. 그러니 자네도 우리와 같은 견해를 가지고 있다면 신속하게 그것을 밝히겠지. 그리고 아우토크라토르도 돌볼 것이며 우리를 향해서도 우리의 친분과 예전에 있던 환대의 관계[70]를 새롭게 하면서 편지를 보내겠지. 건강하게나. 그리고 만약 우리에게 있는 것들 중 필요한 것이 있다면 편지를 보내게.

70 『이아손의 자제들에게』 1에서도 이 단어를 사용한 바 있다. 미주 55)를 보라.

8. ΤΟΙΣ ΜΥΤΙΛΗΝΑΙΩΝ ΑΡΧΟΥΣΙΝ

[1] οἱ παῖδες οἱ Ἀφαρέως, υἱδεῖς δ' ἐμοί, παιδευθέντες ὑπ' Ἀγήνορος τὰ περὶ τὴν μουσικήν, ἐδεήθησάν μου γράμματα πέμψαι πρὸς ὑμᾶς, ὅπως ἄν, ἐπειδὴ καὶ τῶν ἄλλων τινὰς κατηγάγετε φυγάδων, καὶ τοῦτον καταδέξησθε καὶ τὸν πατέρα καὶ τοὺς ἀδελφούς. λέγοντος δέ μου πρὸς αὐτοὺς ὅτι δέδοικα μὴ λίαν ἄτοπος εἶναι δόξω καὶ περίεργος, ζητῶν εὑρίσκεσθαι τηλικαῦτα τὸ μέγεθος παρ' ἀνδρῶν οἷς οὐδὲ πώποτε πρότερον οὔτε διελέχθην οὔτε συνήθης ἐγενόμην, ἀκούσαντες ταῦτα πολὺ μᾶλλον ἐλιπάρουν.

[2] ὡς δ' οὐδὲν αὐτοῖς ἀπέβαινεν ὧν ἤλπιζον, ἅπασιν ἦσαν καταφανεῖς ἀηδῶς διακείμενοι καὶ χαλεπῶς φέροντες. ὁρῶν δ' αὐτοὺς λυπουμένους μᾶλλον τοῦ προσήκοντος, τελευτῶν ὑπεσχόμην γράψειν τὴν ἐπιστολὴν καὶ πέμψειν ὑμῖν. ὑπὲρ μὲν οὖν τοῦ μὴ δικαίως ἂν δοκεῖν μωρὸς εἶναι μηδ' ὀχληρὸς ταῦτ' ἔχω λέγειν.

[1] 3 ἐπειδὴ⋯κατηγάγετε vulg. : ἐπειδὰν⋯κατηγάγητε Γ [2] 4 ὑπὲρ Γ : περὶ vulg.

8. 뮈틸레나이아 사람들의 지도자들에게

[1] 아파레우스[71]의 아이들은 저에게는 손자들인데, 아게노르[72]에게 시가(詩歌)[68)]에 관한 것들을 배웠습니다. 아이들이 여러분에게 글을 보내달라고 저에게 부탁했습니다. 여러분이 다른 몇 명의 추방자들을 받아들였으니[73] 그[74]와 그의 아버지와 그의 형제들도 다시 불러들이도록 해달라는 것이었습니다. 저는 이전에는 단 한 번도 말을 나눈 적이 없고 친숙한 사이도 아닌 사람들에게 그렇게 큰 호의를 얻으려고 애쓴다면 제가 너무나 이상하고 오지랖이 넓은 사람으로 보이지는 않을까 두렵다고 그들에게 말했더니, 그 말을 듣고 아이들은 훨씬 더 강하게 요구하였습니다.

[2] 그렇게 희망하던 것들 중에 아무것도 이루지 못하자 그 아이들이 불쾌해하고 힘겹게 견뎌나가는 것이 모든 사람들의 눈에 역력했습니다. 그 아이들이 정도 이상으로 괴로워하는 것을 보고 저는 마침내 여러분에게 편지를 써서 보내겠다고 약속했습니다. 제가 이런 말을 하는 것은 부당하게 바보스럽고 짜증스러운 사람으로 보이지 않기 위해서입니다.

---

71 아파레우스는 소피스트였던 힙피아스의 아들이며 이소크라테스의 사위이고 양자였다. 비극작가로서 일정한 명성을 얻었다고 한다.

72 아게노르는 아리스토크세노스 이전에 가장 유명했던 음악가로서 학교도 운영했던 것으로 알려져 있다.

73 주요 필사본 Γ에는 이 부분이 일종의 가정법처럼 되어 있지만, 통속적 필사본처럼 사실을 기술한 직설법으로 읽는 것이 좋다.

74 아이들의 교사인 아게노르

[3] ἡγοῦμαι δὲ καλῶς ὑμᾶς βεβουλεῦσθαι καὶ διαλλαττομένους τοῖς πολίταις τοῖς ὑμετέροις καὶ πειρωμένους τοὺς μὲν φεύγοντας ὀλίγους ποιεῖν, τοὺς δὲ συμπολιτευομένους πολλούς, καὶ μιμουμένους τὰ περὶ τὴν στάσιν τὴν πόλιν τὴν ἡμετέραν. μάλιστα δ' ἄν τις ὑμᾶς ἐπαινέσειεν ὅτι τοῖς κατιοῦσιν ἀποδίδοτε τὴν οὐσίαν· ἐπιδείκνυσθε γὰρ καὶ ποιεῖτε πᾶσιν φανερὸν ὡς οὐ τῶν κτημάτων ἐπιθυμήσαντες τῶν ἀλλοτρίων, ἀλλ' ὑπὲρ τῆς πόλεως δείσαντες ἐποιήσασθε τὴν ἐκβολὴν αὐτῶν.

[4] οὐ μὴν ἀλλ' εἰ καὶ μηδὲν ὑμῖν ἔδοξεν τούτων μηδὲ προσεδέχεσθε μηδένα τῶν φυγάδων, τούτους γε νομίζω συμφέρειν ὑμῖν κατάγειν. αἰσχρὸν γὰρ τὴν μὲν πόλιν ὑμῶν ὑπὸ πάντων ὁμολογεῖσθαι μουσικωτάτην εἶναι καὶ τοὺς ὀνομαστοτάτους ἐν αὐτῇ παρ' ὑμῖν τυγχάνειν γεγονότας, τὸν δὲ προέχοντα τῶν νῦν ὄντων περὶ τὴν ἱστορίαν τῆς παιδείας ταύτης φεύγειν ἐκ τῆς τοιαύτης πόλεως, καὶ τοὺς μὲν ἄλλους Ἕλληνας τοὺς διαφέροντας περί <τι> τῶν καλῶν ἐπιτηδευμάτων, κἂν μηδὲν προσήκωσιν, ποιεῖσθαι πολίτας, ὑμᾶς δὲ τοὺς εὐδοκιμοῦντάς τε παρὰ τοῖς ἄλλοις καὶ μετασχόντας τῆς αὐτῆς φύσεως περιορᾶν παρ' ἑτέροις μετοικοῦντας.

[4] 5 ὀνομαστοτάτους om. Γ^1 ins. Γ mg. 8 περί τι Coraïs : περὶ Γ : περί γε (vel τε) cett.

[5] θαυμάζω δ' ὅσαι τῶν πόλεων μειζόνων δωρεῶν ἀξιοῦσιν τοὺς ἐν τοῖς γυμνικοῖς ἀγῶσιν κατορθοῦντας μᾶλλον ἢ τοὺς τῇ φρονήσει καὶ τῇ φιλοπονίᾳ τι τῶν χρησίμων εὑρίσκοντας, καὶ μὴ συνορῶσιν ὅτι πεφύκασιν αἱ μὲν περὶ τὴν ῥώμην καὶ τὸ τάχος δυνάμεις συναποθνήσκειν τοῖς σώμασιν, αἱ δ' ἐπιστῆμαι παραμένειν ἅπαντα τὸν χρόνον ὠφελοῦσαι τοὺς χρωμένους αὐταῖς.

[6] ὧν ἐνθυμουμένους χρὴ τοὺς νοῦν ἔχοντας περὶ πλείστου μὲν ποιεῖσθαι τοὺς καλῶς καὶ δικαίως τῆς αὑτῶν πόλεως ἐπιστατοῦντας, δευτέρους δὲ τοὺς τιμὴν καὶ δόξαν αὐτῇ καλὴν συμβαλέσθαι δυναμένους· ἅπαντες γὰρ ὥσπερ δείγματι τοῖς τοιούτοις χρώμενοι καὶ τοὺς ἄλλους τοὺς συμπολιτευομένους ὁμοίους εἶναι τούτοις νομίζουσιν.

[7] 그런데 아마도 누군가는 이런 말을 할 수 있을 것입니다. 즉, 뭔가를 발견하기를 원하는 사람은 사건을 찬양만 할 것이 아니라 자신들이 말을 하는 것들에 관해 그들 스스로가 잘 해낸다는 것을 정당하게 과시해야 맞다는 것입니다. 하지만 사정은 이렇습니다. 저는 정치적 활동과 연설을 하는 일에서는 벗어나 있었습니다. 저에게는 충분한 목소리와 과감성이 없었기 때문입니다.[79] 그렇다고 제가 완전히 쓸모가 없다거나 명성이 없는 것은 아닙니다. 오히려 저는 여러분과 다른 동맹국들에 관련해서 좋은 무엇인가를 말하는 일을 선택했던 사람들과 함께 논의하고 함께 싸워주는 존재가 되었다는 사실이, 그리고 저 자신도 헬라스인들의 자유와 자치를 위해 연단이 닳도록 올라가는 사람들 전부를 합친 것보다 더 많은 연설을 작성했다는 사실이 분명하게 드러날 것입니다.

[8] 이런 것들에 관해 여러분은 저에게 가장 많은 고마움을 정당하게 느낄 겁니다. 여러분은 무엇보다도 이런 체제를 계속해서 열망하기 때문입니다. 그런데 저는 만약 코논과 티모테오스가 살아 있고,[80] 디오판토스[81]가 아시아에서 돌아온다면 그들은 제가 요청하는 것들을 제가 찾아내기를 바라면서도 그들 스스로가 많은 노력을 진지하게 했으리라 생각합니다. 그들에 관해 저는 왜 더 많은 말을 해야만 하는지 모르겠습니다. 그들이 해낸 훌륭한 업적들을 모를 만큼 그렇게 어리거나 기억력이 나쁜 사람은 여러분 가운데 아무도 없기 때문입니다.

---

79 『디오뉘시오스에게』 9, 『필립포스에게』(연설문) 81 등을 보라.

80 두 사람은 이소크라테스가 가장 아끼던 제자들이었다.

81 디오판토스는 아테네인으로, 디오도로스의 기록(XVI.48)에 따르면 기원전 351-350년에 아르타크세르크세스 오코스에 대항하여 이집트의 왕을 위해 일을 했다고 한다.

[9] οὕτω δ' ἄν μοι δοκεῖτε κάλλιστα βουλεύσεσθαι περὶ τούτων, εἰ σκέψεσθε τίς ἐστιν ὁ δεόμενος καὶ ὑπὲρ ποίων τινῶν ἀνθρώπων. εὑρήσετε γὰρ ἐμὲ μὲν οἰκειότατα κεχρημένον τοῖς μεγίστων ἀγαθῶν αἰτίοις γεγενημένοις ὑμῖν τε καὶ τοῖς ἄλλοις, ὑπὲρ ὧν δὲ δέομαι τοιούτους ὄντας, οἵους τοὺς μὲν πρεσβυτέρους καὶ τοὺς περὶ τὴν πολιτείαν ὄντας μὴ λυπεῖν, τοῖς δὲ νεωτέροις διατριβὴν παρέχειν ἡδεῖαν καὶ χρησίμην καὶ πρέπουσαν τοῖς τηλικούτοις.

[10] μὴ θαυμάζετε δ' εἰ προθυμότερον καὶ διὰ μακροτέρων τῶν ἄλλων γέγραφα τὴν ἐπιστολήν· βούλομαι γὰρ ἀμφότερα, τοῖς τε παισὶν ἡμῶν χαρίσασθαι καὶ ποιῆσαι φανερὸν αὐτοῖς ὅτι, κἂν μὴ δημηγορῶσιν μηδὲ στρατηγῶσιν, ἀλλὰ μόνον μιμῶνται τὸν τρόπον τὸν ἐμόν, οὐκ ἠμελημένως διάξουσιν ἐν τοῖς Ἕλλησιν. ἓν ἔτι λοιπόν· ἂν ἄρα δόξῃ τι τούτων ὑμῖν πράττειν, Ἀγήνορί τε δηλώσατε καὶ τοῖς ἀδελφοῖς ὅτι μέρος τι καὶ δι' ἐμὲ τυγχάνουσιν ὧν ἐπεθύμουν.

[10] 1-2 προθυμότερον···ἐπιστολήν Δ : ῥᾳδίως οὕτω γράφω καὶ περὶ μὲν ἄλλων ἁπάντων καὶ τῶν φιλτάτων τὴν ἐπιστολὴν πέπομφα vulg.

[9] 그래서 말인데, 만약 여러분이 지금 요청하는 이 사람[82]이 누구이며 어떤 사람들을 위해 그러는지를 헤아려본다면 이 문제들에 관해서는 여러분이 가장 아름답게 결정할 수 있으리라는 것이 제 의견입니다. 왜냐하면 여러분은 제가 여러분에게도 다른 사람들에게도 가장 중요한 좋은 것들을 베풀어줄 사람들과 가족 같은 관계를 가장 잘 맺고 있고, 제가 부탁드리는 이 사람들이 나이 든 사람들과 정치체제에 관련된 사람들에게 고통을 주지 않고, 젊은 사람들에게는 즐겁고 쓸모가 있으며 그 나이에 딱 맞는 소일거리를 제공하는 사람들이라는 것을 발견하게 될 테니까요.

[10] 그런데 제가 이 편지를 다른 것들보다 더 열정적으로 더 길게 썼다고 해서[83] 놀라지는 마십시오. 사실 저는 두 가지를 다 원합니다. 우리 아이들을 기쁘게 하는 것 그리고 그 아이들에게 설령 대중연설가로도 장군으로도 활동하지 못하고 대신 제 방식을 모방하는 것만 하더라도 헬라스인들 사이에서 무시당하며 살지는 않으리라는 것을 분명하게 하는 것입니다. 거기에다 하나가 더 있습니다. 만약 이것들 중에 어떤 것을 실천하는 것이 여러분의 의견이라면 아게노르와 그 형제들이 갈망하던 것을 이루게 된 것은 어느 정도는 저 때문임을 그들에게 밝혀주십사 하는 것입니다.

---

82 "요청하는 이 사람"은 편지를 쓰고 있는 이소크라테스이다. 그리고 그는 지금 아게노르와 그 가족들을 위해 추방 상태에서 그들을 풀어달라고 하는 중이다.

83 통속적 필사본(vulg.)에 따르면 "내가 다른 모든 것들에 관해서도 가장 친한 사람들에 관해서도 이렇게 쉽게 편지를 쓰고 보냈다고 해서"라고 읽힌다.

9. ΑΡΧΙΔΑΜΩΙ

[1] εἰδώς, ὦ Ἀρχίδαμε, πολλοὺς ὡρμημένους ἐγκωμιάζειν σὲ καὶ τὸν πατέρα καὶ τὸ γένος ὑμῶν, εἱλόμην τοῦτον μὲν τὸν λόγον, ἐπειδὴ λίαν ῥᾴδιος ἦν, ἐκείνοις παραλιπεῖν· αὐτὸς δέ σε διανοοῦμαι παρακαλεῖν ἐπὶ στρατηγίας καὶ στρατείας οὐδὲν ὁμοίας ταῖς νῦν ἐνεστηκυίαις, ἀλλ᾽ ἐξ ὧν μεγάλων ἀγαθῶν αἴτιος γενήσει καὶ τῇ πόλει τῇ σαυτοῦ καὶ τοῖς Ἕλλησιν ἅπασιν.

[2] ταύτην δ᾽ ἐποιησάμην τὴν αἵρεσιν, οὐκ ἀγνοῶν τῶν λόγων τὸν εὐμεταχειριστότερον, ἀλλ᾽ ἀκριβῶς εἰδὼς ὅτι πράξεις μὲν εὑρεῖν καλὰς καὶ μεγάλας καὶ συμφερούσας χαλεπὸν καὶ σπάνιόν ἐστιν, ἐπαινέσαι δὲ τὰς ἀρετὰς τὰς ὑμετέρας ῥᾳδίως οἷός τ᾽ ἂν ἐγενόμην. οὐ γὰρ ἔδει με παρ᾽ ἐμαυτοῦ πορίζεσθαι τὰ λεχθησόμενα περὶ αὐτῶν, ἀλλ᾽ ἐκ τῶν ὑμῖν πεπραγμένων τοσαύτας ἂν καὶ τοιαύτας ἀφορμὰς ἔλαβον ὥστε τὰς περὶ τῶν ἄλλων εὐλογίας μηδὲ κατὰ μικρὸν ἐναμίλλους γενέσθαι τῇ περὶ ὑμᾶς ῥηθείσῃ.

Ἀρχιδάμῳ Γ : Ἀρχιδάμῳ Λακεδαιμονίων βασιλεῖ Vatic. gr. 1347 : Ἰσοκράτης Ἀρχιδάμῳ Λακεδαιμονίων βασιλεῖ vulg. : ἐγκώμιον Ἀρχιδάμου Palat. 134, Laurent. LXX 19 Paris. gr. 2944 [2] 1-2 τῶν λόγων Γ Helmstad. 806 : τὸν λόγον Γ[2] vulg.

9. 아르키다모스에게[84]

[1] 아르키다모스여, 저는 많은 사람들이 당신과 당신의 아버지와 당신들의 가문을 열렬히 칭송해 왔다는 것을 알고 있지만,[71)] 그런 말은 너무나도 쉬운 것이기에 다른 사람들에게 맡기기로 결정했습니다. 대신 저는 직접 당신에게 지금 조직된 것들과는 조금도 비슷하지 않은, 군사적 지휘체계와 군사원정으로 초대할 것을 생각하고 있는데[72)] 그것으로부터 당신은 당신 자신의 도시[85]와 모든 헬라스인들에게 중대한 좋은 것들을 제공하게 될 것입니다.

[2] 그런데 제가 이런 결정을 했던 것은 말들 중에서 보다 쉽게 다룰 수 있는 것을 몰라서가 아니며, 오히려 아름답고 중대하며 유익한 행위를 발견하는 것이 어렵고 드문 일이지만 당신들의 탁월성은 쉽게 칭찬할 수가 있었음을 정확하게 알고서 한 것입니다. 실제로 저는 그 탁월성들에 관해 말할 것들을 저 자신에게서부터 끌어내서 제공할 필요가 없었습니다. 그 대신 당신들이 행한 일들로부터 아주 많고 아주 중요한 출발점을 취할 수가 있었습니다. 그래서 결국 다른 사람들에 관한 찬사는 당신들에 관하여 말할 찬사에 비하면 조금도 상대가 되지 못할 정도였습니다.

---

84 "라케다이몬의 왕 아르키다모스에게"라고 된 필사본도 있고, 통속적 필사본에는 "이소크라테스가 라케다이몬의 왕 아르키다모스에게"라고 되어 있으며, "아르키다모스 찬가"라고 된 필사본도 있다.

85 스파르타

[3] πῶς γὰρ ἄν τις ἢ τὴν εὐγένειαν ὑπερεβάλετο τῶν γεγονότων ἀφ᾽ Ἡρακλέους καὶ Διός, ἣν πάντες ἴσασιν μόνοις ὑμῖν ὁμολογουμένως ὑπάρχουσαν, ἢ τὴν ἀρετὴν τῶν ἐν Πελοποννήσῳ τὰς Δωρικὰς πόλεις κτισάντων καὶ τὴν χώραν ταύτην κατασχόντων, ἢ τὸ πλῆθος τῶν κινδύνων καὶ τῶν τροπαίων τῶν διὰ τὴν ὑμετέραν ἡγεμονίαν καὶ βασιλείαν σταθέντων;

[4] τίς δ᾽ ἂν ἠπόρησε, διεξιέναι βουληθεὶς τὴν ἀνδρείαν ὅλης τῆς πόλεως καὶ σωφροσύνην καὶ πολιτείαν τὴν ὑπὸ τῶν προγόνων τῶν ὑμετέρων συνταχθεῖσαν; πόσοις δ᾽ ἂν λόγοις ἐξεγένετο χρήσασθαι περὶ τὴν φρόνησιν τοῦ σοῦ πατρὸς καὶ τὴν ἐν ταῖς συμφοραῖς διοίκησιν καὶ τὴν μάχην τὴν ἐν τῇ πόλει γενομένην, ἧς ἡγεμὼν σὺ καταστὰς καὶ μετ᾽ ὀλίγων πρὸς πολλοὺς κινδυνεύσας καὶ πάντων διενεγκὼν αἴτιος ἐγένου τῇ πόλει τῆς σωτηρίας, οὗ κάλλιον ἔργον οὐδεὶς ἂν ἐπιδείξειεν;

[4] 3 πόσοις Helmstad. Parisini gr. 2994 et 3054 : πρὸς οἷς cett.

[3] 도대체 누가 헤라클레스와 제우스로부터 나와 오직 당신들에게만 속하는 것이라고 모든 사람들이 동의하며 알고 있는 그 훌륭한 태생을 능가할 수 있었으며,[73)] 펠로폰네소스 지역에서 도리아인들의 도시들을 건설하였고 바로 그 지역을 차지한 사람들의 탁월성을 능가할 수 있었으며, 당신들이 무릅썼던 그 위험들의 수와 주도권 및 왕권 때문에 세워졌던 그 승전기념물들의 수를 어떻게 능가할 수가 있었겠습니까?

[4] 그리고 누가 도시 전체의 용기와 분별력과 당신들의 조상들이 세운 정치체제를 서술하고자 할 때 곤란을 겪을 수가 있겠습니까? 당신 아버지의 현명함과 불행이 닥쳤을 때 헤쳐나가는 능력과 그 도시[86]에 발생한 전투에 관하여 말할 때 말입니다. 그 전투에서 당신은 지휘관으로서 병력을 배치하고 적은 수로 많은 수에 맞서 위험을 이겨나갔으며 모든 사람들보다 돋보인 활약으로 도시에 구원을 가져다준 공신이 되었지요.[87] 그보다 더 아름다운 일은 그 누구도 과시할 수 없을 것입니다.

86 스파르타

87 기원전 362년에 아르키다모스는 100명의 중무장 보병을 이끌고서 테베의 장군 에파미노다스의 군대를 무찌른 바 있다. 이 과정에서 스파르타는 에파미노다스에게 약탈당한 바 있다.(크세노폰, 『헬레니카』 VII.5.9-12)

[5] οὔτε γὰρ πόλεις ἑλεῖν οὔτε πολλοὺς ἀποκτεῖναι τῶν πολεμίων οὕτω μέγα καὶ σεμνόν ἐστιν, ὡς ἐκ τῶν τοιούτων κινδύνων σῶσαι τὴν πατρίδα, μὴ τὴν τυχοῦσαν, ἀλλὰ τὴν τοσοῦτον ἐπ᾽ ἀρετῇ διενεγκοῦσαν. περὶ ὧν μὴ κομψῶς ἀλλ᾽ ἁπλῶς διελθών, μηδὲ τῇ λέξει κοσμήσας, ἀλλ᾽ ἐξαριθμήσας μόνον καὶ χύδην εἰπὼν οὐδεὶς ὅστις οὐκ ἂν εὐδοκιμήσειεν.

[6] ἐγὼ τοίνυν δυνηθεὶς ἂν καὶ περὶ τούτων ἐξαρκούντως διαλεχθῆναι, κἀκεῖνο γιγνώσκων, πρῶτον μὲν ὅτι ῥᾷόν ἐστι περὶ τῶν γεγενημένων εὐπόρως ἐπιδραμεῖν ἢ περὶ τῶν μελλόντων νοῦν ἐχόντως εἰπεῖν, ἔπειθ᾽ ὅτι πάντες ἄνθρωποι πλείω χάριν ἔχουσιν τοῖς ἐπαινοῦσιν ἢ τοῖς συμβουλεύουσιν, τοὺς μὲν γὰρ ὡς εὔνους ὄντας ἀποδέχονται, τοὺς δ᾽ ἂν μὴ κελευσθέντες παραινῶσιν, ἐνοχλεῖν νομίζουσιν.

[6] 6 ἀποδέχονται codd. : ἀπολαμβάνουσι Helmstad. Paris. gr. 2944.

[5] 실제로 도시들을 점령하는 것도 수많은 적들을 죽이는 것도 그와 같은 위험들로부터 조국을, 그저 그런 조국이 아니라 탁월성에서 그만큼이나 돋보이는 조국을 구하는 것만큼 그렇게 중대하지도 장엄하지도 않습니다. 이런 것들에 관해서는 기교를 부리지 않고 단순하게 서술하며 표현에 장식을 하지 않고 단지 열거만 하면서 마음 가는 대로 말을 해도 좋은 평판을 얻지 못할 사람은 아무도 없습니다.

[6] 사실 저는 그것들에 관해서도 아주 풍부하게 말할 수가 있긴 합니다. 또한 이것도 잘 알고 있죠. 첫째, 과거에 일어난 일들에 관하여 풍성하게 주마간산식으로 훑어보는 것이 미래에 일어날 일들에 관하여 양식 있게 말하는 것보다 더 쉽다는 것, 그다음으로 모든 사람들이 조언을 하는 사람들보다는 칭찬을 하는 사람들에게 더 많이 고마워한다는 것을 말입니다.[88] 왜냐하면 사람들이 칭찬하는 사람들은 호의를 가졌다고 환영하는 반면, 조언하는 사람들은 명령에 아랑곳하지 않고 충고를 해서 문제를 일으킨다고 생각하기 때문입니다.

---

88 이에 관해서는 『필립포스에게 (1)』 1과 미주 16)을 보라.

[7] ἀλλ' ὅμως ἅπαντα ταῦτα προειδὼς, τῶν μὲν πρὸς χάριν ἂν ῥηθησομένων ἀπεσχόμην, περὶ δὲ τοιούτων μέλλω λέγειν, περὶ ὧν οὐδεὶς ἂν ἄλλος τολμήσειεν, ἡγούμενος δεῖν τοὺς ἐπιεικείας καὶ φρονήσεως ἀμφισβητοῦντας μὴ τοὺς ῥᾴστους προαιρεῖσθαι τῶν λόγων, ἀλλὰ τοὺς ἐργωδεστάτους, μηδὲ τοὺς ἡδίστους τοῖς ἀκούουσιν, ἀλλ' ἐξ ὧν ὠφελήσουσιν καὶ τὰς πόλεις τὰς αὑτῶν καὶ τοὺς ἄλλους Ἕλληνας· ἐφ' οἷσπερ ἐγὼ τυγχάνω νῦν ἐφεστηκώς.

[8] θαυμάζω δὲ καὶ τῶν ἄλλων τῶν πράττειν ἢ λέγειν δυναμένων, εἰ μηδὲ πώποτ' αὐτοῖς ἐπῆλθεν ἐνθυμηθῆναι περὶ τῶν κοινῶν πραγμάτων, μηδ' ἐλεῆσαι τὰς τῆς Ἑλλάδος δυσπραξίας οὕτως αἰσχρῶς καὶ δεινῶς διατιθεμένης, ἧς οὐδεὶς παραλέλειπται τόπος ὃς οὐ γέμει καὶ μεστός ἐστι πολέμου καὶ στάσεων καὶ σφαγῶν καὶ κακῶν ἀναριθμήτων· ὧν πλεῖστον μέρος μετειλήφασιν οἱ τῆς Ἀσίας τὴν παραλίαν οἰκοῦντες, οὓς ἐν ταῖς συνθήκαις ἅπαντας ἐκδεδώκαμεν οὐ μόνον τοῖς βαρβάροις, ἀλλὰ καὶ τῶν Ἑλλήνων τοῖς τῆς μὲν φωνῆς τῆς ἡμετέρας κοινωνοῦσιν, τῷ δὲ τρόπῳ τῷ τῶν βαρβάρων χρωμένοις·

[7] 2 ῥηθησομένων Γ vulg. : ῥηθέντων Helmstad. Paris gr. 2944.

[7] 그럼에도 불구하고 이 모든 것들을 이미 알고 있는 저는 고맙다는 말을 듣기 위한 말들에서는 한 발 물러서 있으며 그 대신 다른 어떤 사람도 감히 하려고 하지 않는 그런 주제들에 관해 말하려고 합니다. 공정유연성과 현명함을 가졌다고 주장하는 사람들은 말들 가운데 가장 쉬운 것들이 아니라 품이 가장 많이 드는 것들을, 듣는 이들에게 가장 달콤한 것들이 아니라 자신들의 도시와 다른 헬라스인들을 이롭게 하는 것들을 선택해야만 한다고 생각하기 때문입니다. 제가 지금 집중하고자 하는 것이 바로 그런 것들입니다.

[8] 그런데 저는 실행을 하거나 말을 할 줄 아는 다른 사람들에 대해서 깜짝 놀라게 됩니다. 만약 그들이 단 한 번도 공적인 사안들에 관하여 궁리를 해본 적이[89] 없다거나, 헬라스가 너무나도 수치스럽고 겁나는 상태에 놓이게 되어 헬라스의 그 어떤 곳도 전쟁과 분쟁과 학살과 헤아릴 수 없이 많은 나쁜 일들로 가득 차 충만하지 않은 곳이 없는 지경에 이르러서 겪게 되는 안 좋은 일들에 관해 연민을 느껴본 적이 없다고 한다면 말입니다. 그 불행들의 가장 많은 부분은 아시아의 해안에 살고 있는 사람들의 몫입니다. 우리는 그것들 모두를 그 협약의 틀 안에서74) 이방인들에게뿐만 아니라 헬라스인들 가운데에서 우리와 같은 말을 함께 사용하지만 이방인들의 방식을 따르는 사람들에게도 넘겨주었던 것입니다.

---

89 또는 "곰곰이 따져본 적이"(enthumēthēnai). 이 표현에 관해서는 미주 23)을 보라.

[9] οὓς, εἰ νοῦν εἴχομεν, οὐκ ἂν περιεωρῶμεν ἀθροιζομένους οὐδ᾽ ὑπὸ τῶν τυχόντων στρατηγουμένους, οὐδὲ μείζους καὶ κρείττους συντάξεις στρατοπέδων γιγνομένας ἐκ τῶν πλανωμένων ἢ τῶν πολιτευομένων· οἳ τῆς μὲν βασιλέως χώρας μικρὸν μέρος λυμαίνονται, τὰς δὲ πόλεις τὰς Ἑλληνίδας, εἰς ἣν ἂν εἰσέλθωσιν, ἀναστάτους ποιοῦσιν, τοὺς μὲν ἀποκτείνοντες, τοὺς δὲ φυγαδεύοντες, τῶν δὲ τὰς οὐσίας διαρπάζοντες,

[10] ἔτι δὲ παῖδας καὶ γυναῖκας ὑβρίζοντες, καὶ τὰς μὲν εὐπρεπεστάτας καταισχύνοντες, τῶν δ᾽ ἄλλων ἃ περὶ τοῖς σώμασιν ἔχουσι περισπῶντες, ὥσθ᾽ ἃς πρότερον οὐδὲ κεκοσμημένας ἦν ἰδεῖν τοῖς ἀλλοτρίοις, ταύτας ὑπὸ πολλῶν ὁρᾶσθαι γυμνάς, ἐνίας δ᾽ αὐτῶν ἐν ῥάκεσιν περιφθειρομένας δι᾽ ἔνδειαν τῶν ἀναγκαίων.

[9] 우리가 상식이 있는 사람들이라면 그들이 모여서 아무렇게나 뽑힌 지휘관에 의해 군대를 이루고, 시민들로 이루어진 군사조직보다도 떠돌이들[90]로 이루어진 군사조직이 더 크고 더 강력하게 되도록 수수방관하지는 않을 것입니다. 그들은 왕[91]의 지역 가운데에서는 작은 부분만 파괴하지만 헬라스의 도시들에 대해서는 그들이 어떤 도시 하나를 침략한다면 완전히 폐허로 만드는데, 사람들의 일부는 살해하고 일부는 추방하며 다른 이들에 대해서는 재산을 약탈합니다.

[10] 게다가 아이들과 여인들에게 폭행을 가하는데, 외모가 뛰어난 여인들은 추잡한 짓으로 짓밟고 다른 여인들에게서는 그녀들이 몸에 걸치고 있는 것들을 벗겨내어 예전에는 외부의 사람들이 치장한 모습도 보지 못했던 그녀들의 벌거벗은 모습을 많은 사람들이 보게 되었고, 그녀들 중 몇몇은 생활필수품의 부족 때문에 누더기를 입은 채로 파괴되었던 것입니다.[75)]

---

90 돈을 받고 입대한 용병들

91 페르시아의 왕. 이 편지가 작성될 시점에는 아르타크세르크세스 3세(기원전 358-338년)를 가리키며, 그 이전에는 아르타크세르크세스 2세(기원전 405-358년)가 페르시아의 왕이였다.

[11] ὑπὲρ ὧν πολὺν ἤδη χρόνον γιγνομένων οὔτε πόλις οὐδεμία τῶν προεστάναι τῶν Ἑλλήνων ἀξιουσῶν ἠγανάκτησεν, οὔτ᾽ ἀνὴρ τῶν πρωτευόντων οὐδεὶς βαρέως ἤνεγκε, πλὴν ὁ σὸς πατήρ· μόνος γὰρ Ἀγησίλαος ὧν ἡμεῖς ἴσμεν ἐπιθυμῶν ἅπαντα τὸν χρόνον διετέλεσεν τοὺς μὲν Ἕλληνας ἐλευθερῶσαι, πρὸς δὲ τοὺς βαρβάρους πόλεμον ἐξενεγκεῖν. οὐ μὴν ἀλλὰ κἀκεῖνος ἑνὸς πράγματος διήμαρτεν.

[12] καὶ μὴ θαυμάσῃς εἰ πρὸς σὲ διαλεγόμενος μνησθήσομαι τῶν οὐκ ὀρθῶς ὑπ᾽ αὐτοῦ γνωσθέντων· εἴθισμαί τε γὰρ μετὰ παρρησίας ἀεὶ ποιεῖσθαι τοὺς λόγους, καὶ δεξαίμην ἂν δικαίως ἐπιτιμήσας ἀπεχθέσθαι μᾶλλον ἢ παρὰ τὸ προσῆκον ἐπαινέσας χαρίσασθαι.

[12] 2-3 τε···ποιεῖσθαι om. Γ[1] ins. Γ mg.

[11] 이미 오래전부터 일어난 이 사건들에 관해 헬라스인들의 선봉에 설 자격이 있다고 주장하는 도시들 중에 어떤 도시도 분개하지 않았으며, 지도자들 중에 그 어떤 사람도 무거운 마음을 갖지 않았지만 당신의 아버지는 예외였습니다. 우리가 알고 있는 사람들 중에서 아게실라오스만이 헬라스인들을 자유롭게 해주는 한편, 이방인들을 상대로는 전쟁을 치르기를 모든 순간마다 계속 열망했기 때문입니다. 그렇지만 그도 한 가지 일에서는 실수를 범했습니다.

[12] 제가 당신과 이야기를 나누면서 그가 올바르지 못하게 결정한 일들을 상기시킨다고 해서 놀라지 마십시오. 저는 항상 모든 것을 솔직하게 말하는 것이[92] 몸에 배었으며 정도를 넘는 칭찬으로 기쁨을 주기보다는 오히려 정당한 비판을 하다가 미움의 대상이 되는 것을 기꺼이 감수할 수 있기 때문입니다.

92 이소크라테스의 표현을 그대로 옮기자면 '모든 것을 솔직하게 말할 수 있는 자유'(parrhēsia)를 가지고 '연설(또는 말)을 하는 것'(poieisthai)이 된다. 이 표현은 주요 필사본 Γ의 본문에는 없으나 그 여백에 다른 사람의 필체로 삽입되어 있다.

[13] τὸ μὲν οὖν ἐμὸν οὕτως ἔχον ἐστίν. ἐκεῖνος δ᾽ ἐν πᾶσι τοῖς ἄλλοις διενεγκὼν καὶ γενόμενος ἐγκρατέστατος καὶ δικαιότατος καὶ πολιτικώτατος διττὰς ἔσχεν ἐπιθυμίας, χωρὶς μὲν ἑκατέραν καλὴν εἶναι δοκοῦσαν, οὐ συμφωνούσας δ᾽ ἀλλήλαις οὐδ᾽ ἅμα πράττεσθαι δυναμένας· ἠβούλετο γὰρ βασιλεῖ τε πολεμεῖν καὶ τῶν φίλων τοὺς φεύγοντας εἰς τὰς πόλεις καταγαγεῖν καὶ κυρίους καταστῆσαι τῶν πραγμάτων.

[14] συνέβαινεν οὖν ἐκ μὲν τῆς πραγματείας τῆς ὑπὲρ τῶν ἑταίρων ἐν κακοῖς καὶ κινδύνοις εἶναι τοὺς Ἕλληνας, διὰ δὲ τὴν ταραχὴν τὴν ἐνθάδε γιγνομένην μὴ σχολὴν ἄγειν μηδὲ δύνασθαι πολεμεῖν τοῖς βαρβάροις. ὥστ᾽ ἐκ τῶν ἀγνοηθέντων κατ᾽ ἐκεῖνον τὸν χρόνον ῥᾴδιον καταμαθεῖν ὅτι δεῖ τοὺς ὀρθῶς βουλευομένους μὴ πρότερον ἐκφέρειν πρὸς βασιλέα πόλεμον πρὶν ἂν διαλλάξῃ τις τοὺς Ἕλληνας καὶ παύσῃ τῆς μανίας καὶ τῆς φιλονικίας ἡμᾶς. περὶ ὧν ἐγὼ καὶ πρότερον εἴρηκα καὶ νῦν ποιήσομαι τοὺς λόγους.

[14] 2 ἑταίρων codd. : ἑτέρων Γ

[13] 일단 제 생각은 이렇습니다. 그는 다른 모든 일들에서도 뛰어나며 그 누구보다도 자제력이 강하고 가장 정의로우며 정치적인 능력도 가장 뛰어난 데다가 두 가지 야망을 가지고 있었습니다. 그 각각은 따로 보면 아름답게 보이지만 서로 양립할 수가 없었으며 동시에 실행할 수도 없는 것들이었습니다. 왜냐하면 그는 왕과 전쟁을 하고 싶어 하면서도 왕의 친구들 중에 추방당한 자들을 그들의 도시로 다시 불러들이고 업무들을 관장할 수 있는 자리에 세웠기 때문입니다.76)

[14] 그래서 그가 그 친구들을 위해[93] 했던 행동들로 인해 헬라스인들은 불행과 위기에 처하게 되었으며, 이곳에서 발생한 혼란으로 인해 여유를 누리지도 못하였고 이방인들과 전쟁도 할 수가 없는 상태에 놓이게 되었던 것입니다. 그 결과, 그 시기에 저질러진 잘못된 행보들로부터 다음과 같은 사실을 알게 되는 것은 쉬운 일이 되었습니다. 즉, 올바른 계획을 가지고 있던 사람들은 누군가가 나서서 헬라스인들을 중재하고 우리들로 하여금 광기와 호승심을 멈추도록 하기 전까지는 왕을 상대로 전쟁을 치러서는 안 된다는 것입니다. 이것이 제가 이전에도 말했고 지금도 말하려는 내용입니다.

93 필사본 Γ에는 "다른 사람들을 위해"라고 적혀 있지만, 그 외의 다른 주요 필사본들에는 앞의 구절과 맞추어 "그 친구들을 위해"라고 적혀 있다.

[15] καίτοι τινὲς τῶν οὐδεμιᾶς μὲν παιδείας μετεσχηκότων, δύνασθαι δὲ παιδεύειν τοὺς ἄλλους ὑπισχνουμένων, καὶ ψέγειν μὲν τἀμὰ τολμώντων, μιμεῖσθαι δὲ γλιχομένων, τάχ᾽ ἂν μανίαν εἶναι φήσειαν τὸ μέλειν ἐμοὶ τῶν τῆς Ἑλλάδος συμφορῶν, ὥσπερ παρὰ τοὺς ἐμοὺς λόγους ἢ βέλτιον ἢ χεῖρον αὐτὴν πράξουσαν. ὧν δικαίως ἂν ἅπαντες πολλὴν ἀνανδρίαν καὶ μικροψυχίαν καταγνοῖεν, ὅτι προσποιούμενοι φιλοσοφεῖν αὐτοὶ μὲν ἐπὶ μικροῖς φιλοτιμοῦνται, τοῖς δὲ δυναμένοις περὶ τῶν μεγίστων συμβουλεύειν φθονοῦντες διατελοῦσιν.

[16] οὗτοι μὲν οὖν βοηθοῦντες ταῖς αὑτῶν ἀσθενείαις καὶ ῥᾳθυμίαις ἴσως τοιαῦτ᾽ ἐροῦσιν· ἐγὼ δ᾽ οὕτως ἐπ᾽ ἐμαυτῷ μέγα φρονῶ, καίπερ ἔτη γεγονὼς ὀγδοήκοντα καὶ παντάπασιν ἀπειρηκώς, ὥστ᾽ οἶμαι καὶ λέγειν ἐμοὶ προσήκειν μάλιστα περὶ τούτων καὶ καλῶς βεβουλεῦσθαι πρὸς σὲ ποιούμενον τοὺς λόγους, καὶ τυχὸν ἀπ᾽ αὐτῶν γενήσεσθαί τι τῶν δεόντων.

[15] 6 ἀνανδρίαν codd. : ἀνδρείαν Γ[1] : ἀνανδρείαν Γ2   [16] 6 ἀπ᾽ αὐτῶν Γ[1] Helmstad. Paris. gr. : ὑπ᾽ αὐτῶν Γ[2] vulg.

[15] 그렇지만 어떤 교육도 받지 못했으면서도 다른 사람들을 교육할 수 있다고 장담하며, 감히 제가 한 일들을 비난하면서도 열심히 모방하려고 하는 사람들 중에 일부는 아마도 헬라스의 불행에 대해 제가 신경을 쓰는 것은 미친 짓이라고 말할 수도 있을 것입니다. 마치 제가 하는 말에 따라 헬라스가 더 나아지거나 아니면 더 나빠지기라도 하는 것처럼 말입니다. 모든 사람들은 그들에 대해 아주 비겁하고 쩨쩨하다는 딱지를 붙일 텐데, 그들은 자신들이 철학을 한다고 주장하면서도 아주 사소한 일들에서는 공명심을 높이지만 가장 중대한 일들에 관해 조언할 수 있는 사람들을 끊임없이 질투하기 때문입니다.

[16] 그들은 자신들의 유약함과 안일함을 방어하기 위해 아마도 그런 식으로[94] 말할 것입니다. 그러나 저는 비록 나이가 여든이고 완전히 노쇠한 상태이긴 하지만 저 자신에 대해서는 큰 자신감을 가지고 있으며, 따라서 그 문제들에 관해 말하는 데에는 누구보다도 적절한 사람이 바로 저이고 당신에게 보낼 글을 씀으로써[95] 아름답게 조언을 할 것이며 아마도 이 글로부터 꼭 필요한 무언가가 일어나리라 생각합니다.

94 "그런 식으로"는 15의 전반부 "그렇지만 … 말입니다."의 내용을 가리킨다.

95 원문에는 "당신에게 보낼 말(logous)을 지어냄으로써(poioumenon)"라고 되어 있다. '말을 짓다'(logous poiein)는 말은 보통 '연설문을 쓴다'는 뜻인데, 여기에서는 '편지를 쓰는 것'을 가리킨다.

[17] ἡγοῦμαι δὲ καὶ τοὺς ἄλλους Ἕλληνας, εἰ δεήσειεν αὐτοὺς ἐξ ἁπάντων ἐκλέξασθαι τόν τε τῷ λόγῳ κάλλιστ' ἂν δυνηθέντα παρακαλέσαι τοὺς Ἕλληνας ἐπὶ τὴν τῶν βαρβάρων στρατείαν καὶ τὸν τάχιστα μέλλοντα τὰς πράξεις ἐπιτελεῖν τὰς συμφέρειν δοξάσας, οὐκ ἂν ἄλλους ἀνθ' ἡμῶν προκριθῆναι. καίτοι πῶς οὐκ ἂν αἰσχρὸν ποιήσαιμεν, εἰ τούτων ἀμελήσαιμεν οὕτως ἐντίμων ὄντων, ὧν ἅπαντες ἂν ἡμᾶς ἀξιώσαιεν;

[18] τὸ μὲν οὖν ἐμὸν ἔλαττόν ἐστιν· ἀποφήνασθαι γὰρ ἃ γιγνώσκει τις, οὐ πάνυ τῶν χαλεπῶν πέφυκεν· σοὶ δὲ προσήκει προσέχοντι τὸν νοῦν τοῖς ὑπ' ἐμοῦ λεγομένοις βουλεύσασθαι πότερον ὀλιγωρητέον ἐστὶν τῶν Ἑλληνικῶν πραγμάτων γεγονότι μὲν, ὥσπερ ὀλίγῳ πρότερον ἐγὼ διῆλθον, ἡγεμόνι δὲ Λακεδαιμονίων ὄντι, βασιλεῖ δὲ προσαγορευομένῳ, μεγίστην δὲ τῶν Ἑλλήνων ἔχοντι δόξαν, ἢ τῶν μὲν ἐνεστώτων πραγμάτων ὑπεροπτέον, μείζοσιν δ' ἐπιχειρητέον.

[17] 1 ἄλλους Ἕλληνας ΓΔΕ : Ἕλληνας cett. 6 εἰ τούτων ἀμελήσαιμεν Helmstad. Paris. gr. : om. cett.

[17] 그런데 저는 다른 헬라스인들도, 만약 그들이 이방인들을 향한 군사원정을 헬라스인들에게 말로써 가장 아름답게 촉구할 수 있는 사람과 유익해 보이는 행위들을 가장 빨리 완수할 수 있는 사람을 모든 사람들 중에서 골라야 한다면 우리 대신 다른 사람들이 더 낫다고 판단하지는 않으리라 생각합니다.[77)] 우리가 할 자격이 있다고 모두가 판단하는, 그토록 명예로운 그 일에 우리가 무관심하다면 어찌 추한 일을 저지르는 것이 아니겠습니까?

[18] 그런데 제 역할이 더 작습니다. 누군가가 알고 있는 것을 드러내는 것은 전혀 어려운 일이 아니기 때문입니다. 하지만 제가 말한 것에 정신을 집중시키고 있는 당신은 조금 전에 제가 설명한 대로의 태생이고,[96] 라케다이몬인들의 지도자이며, 왕이라는 이름으로 불리고, 헬라스인들 중에 가장 큰 평판을 얻고 있으니 당신이 헬라스인들의 일들에 대해 가볍게 여겨야 하는지 아닌지, 지금 일어난 일들은 일단 무시하고 더 중대한 일들에 착수해야만 하는지 아닌지를 숙고하는 것이 맞습니다.

96 제우스와 헤라클레스의 후손. 이 편지의 3을 보라.

[19] ἐγὼ μὲν γάρ φημι χρῆναί σε πάντων ἀφέμενον τῶν ἄλλων δυοῖν τούτοιν προσέχειν τὸν νοῦν, ὅπως τοὺς μὲν Ἕλληνας ἀπαλλάξεις τῶν πολέμων καὶ τῶν ἄλλων κακῶν τῶν νῦν αὐτοῖς παρόντων, τοὺς δὲ βαρβάρους παύσεις ὑβρίζοντας καὶ πλείω κεκτημένους ἀγαθὰ τοῦ προσήκοντος. ὡς δ᾽ ἐστὶ ταῦτα δυνατὰ καὶ συμφέροντα καὶ σοὶ καὶ τῇ πόλει καὶ τοῖς ἄλλοις ἅπασιν, ἐμὸν ἔργον ἤδη διδάξαι περὶ αὐτῶν ἐστιν. . . . . .

[19] 그래서 저는 당신이 다른 모든 일에서 벗어나 다음 두 가지 일에만 정신을 집중시켜야 한다고 말하는 것입니다. 어떻게 해야 당신이 헬라스인들을 전쟁과 지금 그들에게 닥친 다른 불행들로부터 해방시킬 수 있을지 하는 문제와 폭력을 일삼고 적정선 이상으로 좋은 것들을 많이 차지하고 있는 이방인들을 막을 수 있을지 하는 문제입니다. 이 두 가지는 당신에게도 당신의 도시에게도 다른 모든 이들에게도 가능한 일이며 유익하다는 것, 이것들에 관하여 알려드리는 것이 지금 저의 일입니다….[97]

97 이 이후 결론 부분은 소실되었다. 이 이후에는 그가 디오뉘시오스와 필립포스 등 당대 그리스의 유력자들에게 제안했던 정치적 구상인 범그리스주의와 그를 위해 아르키다모스가 해야 할 일이 무엇인지를 밝혔을 것이다.

❁ 미주

1) 이 편지를 쓸 때(기원전 368년경) 이소크라테스는 약 69-70세였다. 나이가 든 이후에 작성한 편지와 연설문에서 이소크라테스는 노령에 대해 자주 언급한다. 이는 이후 나타날 수도 있는 실수에 대한 사전 양해이기도 하고, 청중이나 독자에 대한 수사학적 권위를 확보하려는 언급이기도 하다. 나이 먹은 사람의 말을 업신여기지 말고 귀를 기울이는 것이 현명하다는 통념에 기댄 수사법인 것이다. 그런데 이소크라테스가 98세까지 살았던 것을 감안하면 69-70세 정도의 나이는 그래도 비교적 정정할 때였다.

2) 그가 디오뉘소스를 찾아가지 않고 편지를 쓰는 것은 무엇보다도 그의 노령 때문이다. 남아 있는 이소크라테스의 편지는 대부분 노령에 작성된 것인데, 상대를 직접 만날 수 없는 상황에서 자신의 생각을 전달하기 위해 편지는 유용한 도구였다. 이와 같은 심정은 『이아손의 자제들에게』 2에서도 나타난다. "그러나 많은 것들이 나의 발목을 붙잡습니다. 무엇보다도 나는 배를 타고 나갈 수가 없으며 나처럼 나이 든 사람에게는 외지생활이 적절치 않으니까요. 게다가 사람들이 내가 집을 떠나는 것을 알게 된다면 모두들 나를 비난할 텐데, 그것은 정당한 일입니다. 설령 이전에는 내가 다른 곳에서 소일했다고 해도 이렇게 나에게 임종이 임박해 있는 지금은 집으로 발길을 서두르는 것이 그럴 법한 일인데도 다른 때에는 조용히 지내겠다는 선택을 하더니 노령이 되어서는 집을 떠나겠다고 한다면 말입니다." 노령 때문에 직접 찾아가 대화를 나누지 못하고 편지를 쓰기는 하지만 그것은 수사학적인 설득의 측면에서 최선이 아니라 차선이라는 사실을 이소

크라테스는 알고 있었다. 이와 같은 생각은『필립포스에게 (2)』4에도 나온다. "그런데 제가 힘이 예전 같고 완전히 쇠약한 상태가 아니라면 저는 편지로 대화를 하지는 않을 것입니다. 제가 직접 가서 그 일을 수행하시라고 당신에게 촉구하고 권면할 것입니다." 글보다는 말이 수사학적 설득에 더 효과적임을 전제하는 표현이다.

3) "적정 시기"(kairos)는 이소크라테스에게 매우 중요한 개념이다. 대체로 특정한 일을 수행하는 데에 절호의 기회가 되는 시의적절한 순간을 가리킨다. 이소크라테스가 교육활동을 통해 양성하고자 했던 '수사적인'(rhētorikos) '현명한'(phronimos) 사람은 '카이로스'에 딱 맞는 '의견'(doxa)을 제시할 수 있는 사람이다. 이소크라테스는 자신이 디오뉘시오스를 찾아가 정치적인 조언을 하기에 시의적절한 나이, 즉 좀 더 젊고 총기가 있을 때에 그를 만나지 못한 것을 아쉬워한다. 그리스 전체의 운명을 위한 '절호의 기회'가 지나갔다는 것이다.

4) "시간"은 "크로노스"(khronos)를 옮긴 것으로 물리적인 시간을 가리킨다. 반면에 앞서 미주 3)에서 설명한 '카이로스'는 특정 상황과 맥락에서 판단과 행동에 적합한 시간을 가리킨다. 이소크라테스는 지금 시간이 자기가 뭔가를 하기에는 너무 늙어 적절한 시기(=카이로스)를 놓친 상태인 반면, 현재 디오뉘시오스는 뭔가를 하기에 딱 맞는 시기에 있다고 본다. 따라서 시간적인 엇나감 때문에 둘이 함께 뭔가를 도모할 수는 없는 상황이라는 아쉬움을 토로하고 있는 것이다.

5)『필립포스에게』(연설문) 25-26에는 이에 관한 좀 더 상세한 내용이 제시된다. "지어낸 이야기"는 "포이에마"(poiēma)를 옮긴 것으로, '시'(poem)라고 해도 크게 문제가 될 것 같지는 않다. 그러나 이때 '시'는 개인의 감정이나 정서를 음악적인 언어에 담아내는 서정시라기보다는 서사시와 비극, 희극과 같이 허구적인 서사가 담긴 극시로 이해되어야만 한다. 나중에 아리스토텔레스는『시학』에서 진정한 의미의 '시인'(poiētēs)은 '운율을 짓는 이'가 아니라 이야기를 짓는이라고 말하는데, 이때 '포이에테스'는 그대로 옮긴다면 '짓는이'이다. 이에 따르면 '포이에마'는 진정한 의미에서 '지어진 이야기'라고 해야 정확할 것이다. 실제 일어난 사실을 그대로 옮기는 것

이 아니라 이야기를 지어냈다는 뜻이 담겨 있다.

6) 문자에 대한 이소크라테스의 비판적인 시각은 그의 경쟁자였던 플라톤도 『파이드로스』(274b-278b)와 『제7서한』에서 보여주었다. 마치 그림에 그려진 인물이 아무 말도 못하고 어떠한 움직임도 보여주지 못하는 것처럼 글자도 일정한 정보만 전달할 뿐, 읽는 이의 궁금증에 대해 어떠한 대답도 할 수 없기 때문에 수사학적으로 설득력을 가질 수 없으며 인식론적으로도 불완전하다는 것이다. 또한 대화는 당사자들의 창의력을 촉진하지만, 문자는 독자가 알고 있던 사항만 상기시킬 뿐이라는 한계를 갖는다는 것이다. 이에 관한 자세한 분석은 이강서, 1994,「플라톤의 『파이드로스』 편에서의 문자비판」,『서양고전학연구』 제8집, 131-168쪽; 이강서, 1997,「플라톤의 『제7서한』에서의 문자비판」,『서양고전학연구』 제11집, 193-226쪽; 이강서, 1999,「플라톤의 언어관 — 『파이드로스』와 『제7서한』의 문자비판을 중심으로」,『서양고전학연구』 제13집, 33-54쪽을 보라. 이런 점에서 아테네 최고의 의회연설가였던 데모스테네스도 종종 비판을 받았다. 퓌아테스라는 연설가는 데모스테네스의 연설에서 "등불 심지 타는 냄새"가 난다고 비아냥거렸다. 즉, 밤새 등불을 켜고 앉아 문장을 하나하나 다듬어 쓰고 외워 가지고 나온 연설을 연단에서 풀어냈다는 것이다. 실제로 그는 즉흥적으로 연설하는 것을 극도로 꺼렸으며 "사전에 깊이 생각해보지 않았고 준비가 되지 않은 상태일 때에는" 결코 연단에 나서지 않았다고 한다.(플루타르코스, 『데모스테네스의 생애』 8.3-8.7)

7) 앞서 미주 6)에서도 소개한 바와 같이 이소크라테스는 '플라톤의 문자비판'에 일정 부분 동의한다. 하지만 이소크라테스는 글의 중요성과 효용성을 적극적으로 인정한다. 이런 점에서 이소크라테스는 플라톤과 사뭇 다른 태도를 보여준다. 그 내용은 『필립포스에게』(연설문)의 25-29에 잘 나타나 있다. 그에 따르면, 말로 하는 것이 글로 쓰는 것보다 더 설득력이 있으며, 연설을 할 때에 연설가는 중요하고 고귀한 주제들을 다룬다(peri spoudaiōn pragmatōn kai katepeigontōn rhētoreusthai). 반면 글을 쓸 때 작성자는 자기 재능을 과시(epideixis)하려고 하거나 개인적인 이익(ergolabian)에 관심을 둔다. 하지만 연설을 할 경우 연설가는 자신감이 있는 태도와 목소리를 발

휘하지 못할 수가 있으며, 사안의 시의성과 고귀성을 잃을 경우에는 글을 쓸 때와 마찬가지로 경직될 수도 있다는 사실을 지적한다. 구술성의 한계와 실패 가능성도 주목한 것이다. 반면 글을 쓰는 사람도 고귀하고 시의성이 있는 주제를 다루면서 동시에 현명한 판단을 내릴 수 있는 독자를 만난다면 구술적인 대화나 연설에 못지않은 수사학적인 효과를 낼 수 있다는 것이다.

8) 일찍이 플라톤은 디오뉘시오스의 사촌이었던 디온의 초청으로 시라쿠사의 왕궁에 초대되었다. 그러나 디오뉘시오스는 플라톤의 정치적 조언을 받아들이지 않았으며 플라톤에게 적대적인 태도를 취하였다. 그 서슬에 플라톤은 죽을 고비를 맞이하기도 했으나 간신히 풀려나 노예로 팔렸다. 안니케리스가 그를 사서 아테네로 돌려보냈다. 아마도 이소크라테스는 플라톤의 경험담을 듣고 이런 이야기를 편지에 써넣었던 것 같다.

9) 여기에서 "과시"(epideixis)는 수사학에서 사용되는 전문용어로, 연설가의 능력이나 연설의 주제가 되는 사람과 대상의 탁월성을 청중에게 드러내 보이는 연설의 장르를 가리킨다. 문맥에 따라서는 학생들 앞에서 교사가 연설 방법을 보여준다는 의미에서 '시범'(示範)으로 번역할 수도 있고, '과시'라는 단어가 부정적인 어감을 주는 것 같아 꺼려진다면 '전시'(展示)라고 번역할 수도 있다. 아리스토텔레스는 아테네의 연설을 세 가지 종류로 구분하면서 이 단어를 그대로 가져다 쓴다.(아리스토텔레스, 『수사학』 1358a36-1359a29) 그에 따르면 수사학적 연설의 첫 번째 종류는 평의회나 민회에서 정치적 사안에 관하여 특정 조치나 정책을 시행하거나 법안을 통과시키자고 권유하거나 그에 반대하여 만류하는 의회연설 또는 '심의연설'(sumbouleutikos logos)이고, 두 번째 종류는 법정에서 과거의 행적에 대해 잘잘못을 따지면서 공격하는 고소·고발이나 그에 맞서 변호하는 법정연설 또는 '재판연설'(dikanikos logos)이며, 마지막 세 번째 종류가 바로 장례식이나 개선식, 시민대축전이나 축제에서 실행하는 '과시연설'(epideiktikos logos) 또는 학교에서 교사들이 학생들에게 연설의 본보기를 보여주거나 일반 청중 앞에서 연설의 기교를 보여주는 '시범연설'이다. 이 연설에서는 특정 인물이나 도시 등의 탁월성을 장식적인 표현으로 부

각시키거나 과장해서 보여주는 것이 허용되며 이로써 연설가의 수사학적인 능력을 자랑하며 과시할 수가 있다.

10) 나중에 이소크라테스는 이와 같은 이야기를 필립포스에게도 한다. 『필립포스에게』(연설문) 12-13에서 그는 의회에서나 그곳에 모인 청중에게 '범그리스주의'(panhellenism)와 같이 공공의 이익을 위한 정치적 이상을 이야기해봐야 소용이 없고, 소피스트들이 만든 법률처럼 효력이 없다는 점을 강조한다. '공적인 좋은 일'(agathon ti koinon)을 하려는 사람은 대중적 축전에서 연설하는 것을 다른 사람들에게 넘기고 말과 행동에서 능력(또는 권력)이 있는 사람들 그리고 평판이 높은 사람들에게(doxan megalēn ekhontes) 주의를 기울여야 한다고 주장한다. 대중이 아니라 군주나 지도자를 설득하는 일, 곧 '제왕의 수사학'이 중요함을 강조하는 것이다. 이는 본인이 엘리트 교육에 집중했다는 이력을 고려할 때 당연한 일이기도 하다. 하지만 이와 같은 태도는 그가 엘리트 교육뿐만 아니라 대중적 축전과 연설문의 대중적 유통을 통해 시민교육에도 기여했다고 자부하는 것과 비교할 때는 일관성이 없는 태도이기도 하다.

11) 이소크라테스의 정치적 이상인 '범그리스주의'를 엿볼 수 있는 대목이다. 이것이 최초로 드러난 연설문은 『시민대축전에 부쳐』이다. 연설문의 번역은 김헌 외 2015, 『그리스의 위대한 연설』, 민음사, 131-192쪽을 보라. '범그리스주의'에 관해서는 김헌, 2015, 「이소크라테스의 범그리스주의」, 『인문논총』 제72권 제3호, 서울대인문학연구원, 45-77쪽; 김봉철, 2004, 『전환기의 그리스 지식인, 이소크라테스』, 신서원 중에서 제5장 「이소크라테스와 범그리스주의」(241-326쪽)를 보라.

12) 그러나 『필립포스에게』(연설문) 65에서 디오뉘시오스를 소개할 때, 이소크라테스는 지금과 상반된 이야기를 한다. 즉, 디오뉘시오스는 "시라쿠사인들 가운데 태생에서도 평판에서도 다른 모든 면에서도 그저 그런 사람들 가운데 하나(pollustos)"일 뿐이라는 것이다. 물론 그것만을 부각시킨 것은 아니다. 보잘것없는 조건을 가지고도 "전제적 권력에 대한 비이성적이고 광적인 열정을 가지고 있었고 그런 권력을 위해 필요한 모든 것을 과감하게 실행하였기에 시라쿠사를 지배하게 되었고 시칠리아에 있는 헬

라스인들의 모든 도시들을 정복하였으며, 그 이전에는 어떤 사람도 가져보지 못한 막강한 육군과 해군력으로 자신을 호위하였다"고 높이 평가하였다. 그것은 필립포스의 질투심과 공명심을 자극하여 '범그리스주의'를 실현하는 데에 앞장서도록 하기 위한 수사적 전략이었다.

13) 『필립포스에게』(연설문) 81에서 이소크라테스는 지금 디오뉘시오스에게 하는 것과 거의 같은 말을 한다. 그리고 디오뉘시오스가 시라쿠사의 참주의 권력을 차지한 후에 그에게 같은 내용으로 편지를 썼다고도 밝힌다. 이 편지에서는 "대중연설가"(dēmēgorōn)라는 표현을 사용하고 있지만 필립포스에게 편지를 보낼 때는 "연설가"(rhētōr)라는 표현을 사용하였다.

14) 공적인 행위에 참여한다는 것은 연설가로서 대중 앞에 서는 것을 가리킨다. 그가 실제 연설을 하지 않았던 가장 큰 이유는 목소리가 약한 것이나 내성적인 것, 연단 '울렁증'을 가진 것 등으로 연설가로서의 조건이 충분히 갖추어지지 않았기 때문이다. 이소크라테스는 종종 이런 사실을 밝히곤 한다. 『아테네 대축전에 부쳐』 9-10, 『뮈틸레나이아 사람들의 지도자들에게』 7, 『필립포스에게』(연설문) 81 등을 보라.

15) 이 편지가 도입부만 남아 있고 본론이 전해지지 않은 것에 대해서는 여러 가지 추정이 가능하다. 먼저 전체 편지가 완성된 형태로 있었으나 전승 과정에서 앞부분만 남고 본론 부분이 소실된 것으로 볼 수도 있다. 이런 가능성은 다음과 같이 재구성된다. 두루마리 형태의 파피루스가 원본이었다면 최초의 독자에게 제공될 때에는 도입부가 가장 바깥에 있게 된다. 독자는 두루마리를 펼쳐가면서 읽는데, 다 읽은 부분은 감고 읽지 않은 부분은 펼치면서 읽게 된다. 따라서 다 읽고 나면 두루마리는 거꾸로 말려 있어서 뒷부분이 바깥에 노출된다. 친절한 독자라면 다른 사람이 읽기 편하게 처음처럼 앞부분이 가장 바깥에 노출되도록 되감아 놓을 것이지만 보통은 그대로 두며 그래서 가장 바깥에 가장 마지막 부분이 노출된다. 이런 상태로 전승되면서 관리가 소홀하게 된다면 가장 바깥 부분부터 훼손된다. 이 편지도 그래서 뒷부분이 떨어져 나가 없어졌다고 추정해 볼 수 있다. 다른 가능한 추정은 이소크라테스가 이 편지를 완성하지 않았다고 보는 것이다. 디오뉘시오스에게 기대를 걸고 편지를 작성하던 중 디오

뉘시오스가 사망하였고, 따라서 이소크라테스는 더 이상 편지를 완성할 필요를 느끼지 못하고 집필을 중단했을 가능성이 있다는 것이다.

16) 『아르키다모스에게』 6에서도 같은 내용을 볼 수 있다. 이소크라테스는 "모든 사람들이 조언을 하는 사람들보다는 칭찬을 하는 사람들에게 더 많이 고마워한다는 것"을 잘 알고 있다고 밝히면서 그 이유를 "칭찬하는 사람들은 호의를 가졌다고 환영하는 반면, 조언하는 사람들은 명령에 아랑곳하지 않고 충고를 해서 문제를 일으킨다고 생각하기 때문입니다."라고 밝힌다.

17) 기원전 346년, 암피폴리스의 소유권을 놓고 벌어진 아테네와 필립포스의 마케도니아 사이의 10년 전쟁이 끝나고 필로크라토스 평화협정이 맺어진 시점에 이소크라테스는 필립포스에게 보내는 연설문을 썼다. 그가 『시민대축전에 부쳐』라는 연설문에서 보여주었던 '범그리스주의'를 실현할 사람으로 필립포스를 지목하고 실천을 촉구하려는 의도였다. 이 연설문은 완결되지 못했고, 출판되어 유통되지도 않았다. 이 연설문이 필립포스에게 전달되었는지도 확실하지는 않지만 이소크라테스는 이 편지에서 그 연설문이 필립포스에게 전해진 것을 전제로 하고 있다.

18) 마티유(G. Mathieu)와 브레몽(E. Brémond)은 개인의 이익을 설명하기 위해 국가와 비교하는 이 대목을 플라톤의 『국가』에 나오는 개인과 국가의 유비와 연결시켜 설명하려고 한다.(Mathieu, G. and Brémond, É., 1962, *Isocrate Discours*, tome IV, Paris: Les Belles Lettres, p. 208 각주 3) 플라톤은 『국가』에서 개인적 차원의 정의(正義)를 좀 더 정확하고 알기 쉽게 설명하기 위해 국가 차원에서의 정의를 살펴보는 데로 논의의 초점을 옮긴다. 그러나 이와 같이 두 텍스트를 연결시키는 설명은 적절해 보이지 않는다. 오히려 마케도니아가 여느 그리스의 폴리스 체제와는 달리 왕의 전제권을 인정하는 전제정치 체제를 갖추고 있었기 때문에 필립포스는 자기 개인의 이익이 곧 국가의 이익이며 거꾸로 국가의 이익은 곧 개인의 이익이라는 의식을 가지고 있었다. 따라서 국가와 개인을 직접 연결시키는 이소크라테스의 논리가 효력을 갖는다는 식의 패필론(T. L. Papillon)의 설명이 더 설득력이 있다.(T. L. Papillon, 2004, *Isocrates* II, University

of Texas Press, p. 252, 각주 2)

19) 일례로 스파르타의 아기스 왕을 호위했던 300인의 기사들을 꼽을 수 있다. 투퀴디데스는 이들에 관해 다음과 같은 기록을 남겼다. "이곳에서는 라케다이몬인들이 패했다. 그러나 그들의 나머지 군대, 특히 아기스 왕이 300명의 이른바 '기사들'(hippeis)과 함께하는 중군은 아르고스인 노병들, 이른바 '5개 중대', 클레오나이인들, 오르네아이인들 그리고 그들 옆에 배치된 아테네인들을 공격하여 모두 패주시켰다."(투퀴디데스, 천병희 역, 2011, 『펠로폰네소스 전쟁사』, 숲, V.72.4)

20) 스파르타의 여인들은 남자들이 전쟁터로 나갈 때 "방패를 들고 오든가, 방패에 실려 오든가"라는 노래를 불러주었다고 한다. 방패를 버리고 줄행랑을 치는 것을 전사하여 방패에 실려 오는 것보다 더 수치스럽고 추한 일로 생각했던 것이다. 그런데 이소크라테스는 스파르타 사람들이 전쟁터에서 방패를 버리는 것, 즉 자기 목숨을 보전하려고 애쓰는 것보다도 더 추한 일은 왕이 죽을 위기에 처해 있는데 이를 구하려고 하지 않는 것이라고 말한다. 이와 같은 내용은 『평화에 관하여』 143에도 똑같이 나온다. "전투에서 그들(=스파르타의 왕들)을 위해 과감하게 죽음을 무릅쓰지 않는 자들은 자기 자리를 지키지 않고 떠나는 자들과 방패를 내팽개치는 자들보다도 더 불명예스러운 자들이 됩니다."

21) 다레이오스 왕이 마라톤 전투에서 아테네의 저항에 굴복하여 그리스 정복에 실패하고 돌아온 후, 그의 아들 크세르크세스도 기원전 480-479년 페르시아의 대군을 이끌고 그리스로 침공하였다. 그러나 아테네와 스파르타가 함께 플라타이아와 살라미스에서 페르시아의 침공을 막아냈을 때, 크세르크세스도 목숨을 걸고 끝까지 싸우는 대신 물러났다. 그렇게 했기 때문에 그는 목숨을 보전했고 자신의 군대를 재건할 수 있었다. 비록 그가 그리스를 다시 공격하겠다는 의지를 관철시키지 못하고 죽었지만(기원전 465년) 왕권과 제국을 아들이었던 아르타크세르크세스 1세에게 물려줄 수도 있었다. 이소크라테스는 크세르크세스의 사례를 들어 필립포스에게 위험에 무모하게 뛰어들지 말고 신중하게 행동하며, 특히 목숨을 보전하는 일이 무엇보다도 중요하다는 것을 잊지 말라고 조언하고

있다.

22) 크세르크세스의 두 아들 퀴로스와 아르타크세르크세스는 페르시아 제국과 왕권을 놓고 경쟁하였다. 그러나 권력은 아르타크세르크세스의 차지가 되었다. 이에 반발하여 퀴로스는 클레아르코스를 고용하여 그리스의 용병들을 이끌고 페르시아 영토로 들어가게 하였고 자신도 군대를 이끌고 아르타크세르크세스의 권력에 도전하였다. 퀴낙스 전투에서 퀴로스는 전세를 유리하게 이끌고 갈 수 있었지만 최전선에 앞장 서 나아가 아르타크세르크세스를 추격하다가 전사하였다. 무모한 돌진이었다. 이 전투에 참가했던 크세노폰은 이 사건을 다룬 『아나바시스』를 남겼다. 이소크라테스는 『필립포스에게』(연설문) 90에서도 퀴로스의 예를 상기시키면서 필립포스에게 신중하게 행동하라고 조언한 바 있다. 그 밖에도 『시민대축전에 부쳐』 144-149, 『아테네 대축전에 부쳐』 104-105에서도 퀴로스의 행적을 기술하였으며, 『평화에 관하여』 98에서는 용병대장 클레아르코스의 이야기를 소개하였다.

23) "곰곰이 따져보면서"는 "엔튀무메논"(enthumoumenon)을 옮긴 것인데, 고전 수사학에서는 명사인 "엔튀메마"(enthumēma)가 중요하다. '마음(thumos)속(en)에 품은 것(ma)', 즉 '생각'이라는 뜻인데, 그런 생각을 만들어내기 위해 마음속에서 곰곰이 따져보고 이리저리 생각을 굴리는 과정으로서의 헤아림, 즉 '추론'을 가리키기도 한다. 아리스토텔레스는 이 단어를 수사학적 추론의 중요한 개념으로 발전시킨다. 개연성이 높은 통념에 전제를 두고 그럴듯한 논리를 연역적으로 전개하는 것을 가리키는데, 이를 "수사학적 연역추론"(sullogismos rhētorikos)이라고 하였다.(『수사학』 1357a7-25, 1358a1-26, 1395b21-1403a14) 이소크라테스는 이 개념을 명확하게 규정하여 전문용어로 사용하지는 않았으나 그 사용 빈도는 높은 편이다.

24) "바르바로스"(barbaros)는 원래 의성어로, 그리스어를 말하지 않는 이방인들을 가리키는 말이었다. 그리스인들은 이방인들의 말을 이해하지 못하기 때문에 그들의 말은 소음처럼 들렸던 것이다. 그러나 이소크라테스는 이 단어를 주로 페르시아인들을 지시하기 위해 사용한다. 그는 자신

의 작품 전체에서 '페르시아인'이라는 말을 12번밖에 사용하지 않았던 반면, 페르시아인들을 가리키기 위해 '바르바로스'라는 말은 모두 145번 사용하였다.(그중에서도 『시민대축전에 부쳐』에서만 45번이나 사용하였다) 이소크라테스는 이들을 적대시하고 '야만적인' 종족으로 여기면서 이 단어를 사용하였기 때문에 이 말에는 가치판단이 들어가 있다.

25) "덕"(德)은 "aretē"를 번역한 것이다. '아레테'는 호메로스의 서사시에서는 남자가 전쟁터에서 남자답게 싸우며 보여주는 육체적·정신적으로 탁월한 기량과 자질을 가리키는 말로 주로 사용되었다. 좀 더 일반적인 차원에서는 특정한 기능이나 역할을 훌륭하게 수행해내는 탁월한 능력을 가리킨다. 따라서 눈의 '아레테', 발의 '아레테'라는 말도 가능하며, 그 경우 각각 '잘 봄'과 '잘 뜀'에 직결된다. 인간의 '아레테'라는 말은 인간이 인간답게 말하고 행동하며 인간에게 요구되는 바를 훌륭하게 수행할 수 있는 자질과 품성을 특정 맥락에서 규정할 때 도덕적이고 윤리적인 개념이 될 수 있다. 이럴 경우에는 '덕'이라는 번역이 적절하다. 반면에 왕이나 전사, 목수 등 특정 직업이나 역할과 관련해서 '아레테'가 쓰일 때는 덕보다는 '탁월성', '뛰어남' 등으로 번역되는 것이 자연스러울 때가 많다. 이 책에서 나는 문맥에 따라 '덕'과 '탁월성'을 함께 사용하여 번역하였다. 이에 관해서는 김헌, 2013, 「아레테를 어떻게 이해할 것인가? — 호메로스에서 아리스토텔레스까지」, 『비교문학』 제61집 39-71쪽을 보라.

26) 이소크라테스는 니코클레스에게도 같은 조언을 한 바 있다. "그대는 못난 사람들에 의해서도 수행될 수 있는 그런 일들에 의거하여 '명예를 좇는'(philotimoumenos) 모습을 보이지 마십시오. 그 대신 사악한 사람들은 함께할 수 없는 중대한 덕에 마음을 두는 모습을 보여주십시오."(『니코클레스에게』 30)

27) "가장 고귀한 자들"(spoudaiotatous)은 일차적으로 신분이 높은 사람을 가리킨다. 나아가 그런 사람들에게 요구되는 성품이나 태도의 고귀함을 뜻하기도 하는데, 그럴 경우 '신중하고 진지한 사람'들로 번역될 수 있다. 이 표현은 『필립포스에게』(연설문) 19에도 똑같이 나온다. 아리스토텔레스는 『시학』에서 비극의 주인공 성격을 '스푸다이오스'로 규정하고, 그것

이 '덕' 또는 '탁월함'(aretē)에 따른 것이라고 설명하는데(1448a2-4) 한 사람의 사회적 지위에서 요구되는 역할과 태도, 품성에서의 덕과 탁월함을 갖춘 사람이라는 뜻이다. 이런 점에서 노를린(G. Norlin)이 옮긴 것처럼 '가장 유능한 자들' 또는 '가장 유력한 자들'(the ablest)로 이해할 수도 있다. 이 개념에 관한 통시적 연구는 Schniewind, A., 2003, *L'éthique du sage chez plotin, le paradigme du spoudaios*, Paris: Librairie philosophique J. Vrin을 참조하라.

28) 대중을 설득하는 기술, 즉 수사학을 가리키는 것으로 보인다. 이소크라테스는 연설의 '기술'을 가르치고 책을 저술하는 사람들에게 비판적인 태도를 보였다. 기술은 다양한 개별적 사례들에 일반적으로 적용될 수 있는 보편적인 법칙이나 원리를 지향하였기 때문인데, 이소크라테스는 개별적 사안들에 대한 시의적절성을 강조하는 반면, 어떤 경우에나 두루 적용될 수 있는 보편적인 기술이나 지식은 없다고 생각했기 때문이다.

29) "모든 것이 정반대라고 말하는 사람들"은 코라이스(Coraïs)를 따라 읽은 것인데, '모든 사실은 아테네를 사납게 비판하는 사람들이 말한 것과는 정반대라고 말하는 사람들'로 풀이된다. 반면 마티유와 브레몽이 편집한 대로 주요 필사본(ΓΕ)을 따라 읽으면 '모든 것이 실제로 그렇다고 말하는 사람들과'라고 읽히는데, 이것은 앞에서 언급한 대로 '아테네가 필립포스에게 유익할 것임은 전부 다 실제로 사실이라고 말하는 사람들'이다. 읽기에 따라서는 정반대의 뜻이긴 하지만 문맥 속에서 어떻게 이해하느냐에 따라 모두 뜻은 통한다. 하지만 멀리 있는 것을 가리킨다고 보는 것보다는 가까운 것을 가리킨다고 보는 것이 더 합리적이라고 보이기 때문에 코라이스의 추정에 따라 읽도록 한다.

30) 마케도니아의 주변국들은 필립포스의 위협에 대응하기 위해 다른 도시국가의 도움이 절실했다. 일찍이 아테네는 필립포스와 적대적인 관계에 있던 몇몇 도시국가, 예컨대 트라키아, 파이오니아, 일뤼리아의 왕들과 기원전 356년에 동맹 협정을 체결한 바 있다. 기원전 348년에는 올륀토스의 피난민들을, 기원전 346년에는 포키스의 피난민들을 받아들인 바 있다.

여기에서 이소크라테스는 이와 같은 아테네의 행적을 넌지시 암시하면서 만약 필립포스가 아테네와 손을 잡는다면, 아테네가 도와주었던 여러 도시와 사람들을 쉽게 포섭할 수 있음을 강조한 것이다. 이런 사실에 관해서는 데모스테네스의 『평화에 관하여』 19를 참조하라.

31) 아테네가 헬라스 전체를 구한 전쟁으로 이소크라테스는 페르시아의 침략을 물리친 마라톤 전투(기원전 490년)와 살라미스 해전(기원전 480년) 그리고 코논의 지휘 아래 스파르타의 지배권에 맞서 싸웠던 크니도스 전투(기원전 394년)를 언급한 바 있다.(『필립포스에게』(연설문) 129)

32) 『필립포스에게』(연설문) 68에서 이소크라테스는 "당신은 헬라스인들로부터 호의를 얻을 것입니다. 그 호의를 얻는 것이 헬라스의 많은 도시들을 힘으로 얻는 것보다 훨씬 더 아름다운 일입니다."라고 했다. 『교환소송에 관하여』 122에서는 자신의 제자인 티오테모스를 칭찬하면서 이렇게 말했다. "그는 두려움에 빠진 사람들이 그런 감정을 느끼게 한 사람들을 미워한다는 것과 다른 도시들과의 친분(philia) 때문에 이 도시(=아테네)가 가장 행복하고 가장 강력해졌다는 것, 다른 도시들이 품은 미움 때문에 이 도시가 극단적인 불행에 거의 빠질 뻔했다는 것을 잘 알고 있었습니다. 그는 이런 사실들을 마음속에서 곰곰이 따져보면서(enthumoumenos) 한편으로는 이 도시의 힘을 이용하여 적들을 제압하고, 한편으로는 자기 자신의 품성(ēthos)을 이용하여 다른 사람들의 호의를 이끌어냈습니다. 이것이야말로 전투를 통해 많은 도시들을 점령하고 숱한 승리를 이끌어내는 것보다 더 아름답고 더 중요한 장군의 역량(stratégéma)이라고 생각했던 것입니다."

33) 이소크라테스가 안티파테르에게 보낸 편지가 한 통 남아 있지만 그 편지에는 지금 이 편지에서 언급한 내용이 없다. 따라서 지금은 전해지지 않는 다른 편지가 있었거나 아니면 이 편지에서 언급한 내용으로 두 사람이 나누었던 사적인 대화가 있었던 것으로 보인다. 안티파테르는 필립포스가 신뢰하던 최측근 가운데 한 사람으로, 마케도니아가 그리스의 여러 도시국가들과 전쟁을 치르는 동안 막강한 권력을 행사하였다. 기원전 346년에는 필로크라테스 평화조약을 체결하기 위해 아테네에 특사로 파견되

었으며(아이스키네스 『크테시폰 고발연설』 72; 데이나르코스 『데모스테네스 고발연설』 28), 기원전 338년 아테네와 그리스에 대한 마케도니아의 장악력을 결정한 카이로네이아 전투가 끝난 이후에는 아테네의 전사자들을 아테네로 후송하는 작업의 감독을 맡기도 했다. 알렉산드로스가 등극하여 아시아로 원정을 떠나 있는 동안에도, 알렉산드로스의 죽음 이후에도 그의 정치적인 영향력은 지속되었다.

34) 『필립포스에게』(연설문) 30에서 이소크라테스는 이렇게 제안했다. "저는 당신이 당신 개인의 일들에 대해 무관심해서도 안 되지만 또한 아르고스인들의 도시와 라케다이몬인들의 도시와 테베인들의 도시와 우리의 도시들 사이에 중재를 시도해야 한다고 말하는 바입니다. 왜냐하면 당신이 이 도시를 함께 묶을 수만 있다면 어렵지 않게 다른 도시들을 한마음 한뜻이 되게(homonoein) 만들 것이기 때문입니다." 이 도시들의 영향력에 관해서는 『시민대축전에 부쳐』 64에서도 언급된 바 있다. "헬라스의 도시 가운데 우리 도시(=아테네)를 제외하고 아르고스와 테베와 라케다이몬은 당시에도 가장 큰 도시들이었고 지금도 여전히 그 크기를 유지하고 있습니다. 그렇지만 우리 조상들은 그들 모두보다 월등히 뛰어난 것으로 드러났습니다."

35) 이소크라테스는 자신이 품었던 '범그리스주의'의 열정과 필립포스의 야망이 맞아떨어진 것은 신의 영감에 의한 것이라고 말한 적이 있다.(『필립포스에게』(연설문) 150-151) "저는 신들이 어떤 방법으로 인간사를 꾸려나가시는지 당신이 모르리라고는 생각하지 않습니다. 인간들에게 일어나는 일들이 좋은 것이든 나쁜 것이든 신들은 직접 손을 대지는 않습니다. 대신 사람들 각각에게 그런 생각을 집어넣으셔서 우리들에게 그런 일들 각각이 서로서로를 통해 일어나도록 하는 것입니다. 예컨대 지금도 신들은 저에게는 말을 하도록 지시하고 실천의 자리에는 당신을 배치하는 것 같습니다. 신들은 당신이 그런 일들을 가장 아름답게 해낼 줄 아는 분이며, 저의 말(logos)은 듣는 사람들에게 가장 덜 지루할 것이라고 생각하고 있는 것이겠지요."

36) 이 편지를 썼을 때 이소크라테스의 나이는 98세이며, 이 편지를 쓰고 얼

마 후에 카이로네이아 전투에서 필립포스의 마케도니아 군이 아테네와 테베의 연합군을 힘으로 제압하는 모습을 보고 나서 세상을 떠난다. 일설에 의하면 그는 필립포스가 기대와는 달리 무력 도발로 그리스를 잔혹하게 제압하였다는 점과 그로 인해 그리스가 한 도시의 독재 아래에 놓이게 된 것에 실망하고 곡기를 끊었으며 극도로 쇠약해져서 사망했다고 한다.(플루타르코스가 썼다고 전해지는 『10대 연설가의 생애』 837e-f)

37) 『필립포스에게』(연설문) 135에도 거의 같은 내용이 나온다. "당신은 평범한 일반인들 중에 '가장 공정관대한 사람들'(epieikestatous)이 삶을 다른 어떤 것과도 맞바꾸지는 않지만 아름다운 평판(kalēs doxēs)을 얻기 위해서라면 전쟁터에서 죽는 것을 원하는 모습을 볼 수 있을 것입니다. 또한 일반적으로 자신들이 가지고 있는 것보다 더 큰 명예(timēs meizonos)를 언제나 열망하는 사람들은 모든 사람들에게 칭찬을 받는 반면, 존재하는 것들 중에 다른 어떤 것에 대해서 만족할 줄 모르는 사람들은 자제력이 없고 비천하게 보일 것입니다."

38) '농노가 되다'는 정확하게 말해서 '헤일로스(heilōs)가 되다'라는 말인데, 헤일로스는 스파르타와 메세니아를 비롯한 몇몇 도시국가에 존재하던 고유한 농노를 가리킨다. 이들은 사적인 소유물로 간주되던 노예(doulos)와는 달리 국가 소유의 농노였으며 가족과 사유재산이 허락된 점 등에서 자유 시민과 노예 사이 중간 계층으로 분류될 수 있다. 기원전 10세기에서 7세기에 걸쳐 나중에 라코니아(스파르타)와 메세니아인들을 이루게 될 이주민들의 침략이 진행되는데, 이때 정복당한 원주민들이 노예 상태로 전락한 것이다. 전투적인 소수의 스파르타인들은 다수의 헤일로스들을 엄하게 통제하였고, 헤일로스들의 반란을 폭력적으로 진압했다. 헤일로스는 스파르타의 생산 활동의 원동력이었지만 이들이 획책하려는 반란의 움직임은 언제나 스파르타 정치의 불안 요소였다. 이소크라테스는 마케도니아의 필립포스 지휘 아래 그리스 원정군이 페르시아를 점령한다면 스파르타가 헤일로스들을 운영하는 것처럼 페르시아의 주민들을 농노로 쓸 수 있음을 말하기 위해 이 어휘를 특별히 사용한 것으로 보인다.

39) 『필립포스에게』(연설문) 113-114에서 이소크라테스는 필립포스가 이방

인들을 정복하기 위한 군사적 원정을 주도해야 하며 그 결과로 최고의 명성을 얻을 것이라고 주장한다. 이 과정에서 이소크라테스는 필립포스를 헤라클레스에 비유한다. 헤라클레스는 제우스와 알크메네 사이에서 태어난 영웅이었지만 죽은 후에는 신이 되었기 때문이다. 여기에서 이소크라테스는 필립포스가 비록 인간이지만 그리스를 통합하고 페르시아를 정복한다면 헤라클레스처럼 신이 될 것이라고 말하는 셈이다. 주요 필사본들은 "그때는 … 말입니다."를 그다음 문장인 "처음에 … 쉽습니다." 뒤에 썼지만, 도브레(Dobree)가 현재의 위치로 옮겨놓았다. 내용의 흐름이 더 부드럽다는 이유에서였던 것 같다.

40) 이소크라테스가 '범그리스주의'를 공식적으로 처음 내놓은 것은 기원전 380년에 발표된 『시민대축전에 부쳐』를 통해서이다. 그리스인들은 모두 한마음 한뜻이 되고, 합해진 힘을 페르시아 원정에 쏟아부어야 한다는 주장이었다. 그러나 그리스인들은 그의 말에 귀를 기울이지 않았으며 기나긴 시간 동안 내전을 지속해왔다. 그러나 이소크라테스는 죽을 때까지 그의 정치적인 꿈을 포기하지 않았다. 그 일부는 그가 원하는 방식대로는 아니었지만 필립포스에 의해 실현되었다. 카이로네이아 전투를 통해 필립포스는 그리스를 하나로 묶어낸 것이다. 이제 그가 하나가 된 그리스의 힘을 모아 페르시아 원정을 떠나게 된다면 이소크라테스가 꿈꾸던 것의 나머지 부분이 실현되는 것이다. 이소크라테스는 필립포스가 페르시아 원정을 준비하고 있음을 알고 있었지만 실현되는 것을 보지 못하고 죽었다(기원전 338년). 한편 페르시아 원정을 준비하던 필립포스도 암살을 당해 급작스럽게 세상을 떠난다(기원전 336년). 이소크라테스의 꿈은 필립포스의 뒤를 이어 왕위에 오른 약관의 알렉산드로스(기원전 356-323년)를 통해 실현된다.

41) 아테네와 마케도니아의 전쟁은 기원전 340년 10월에 재개되었다. 그러나 두 나라 사이에 전쟁이 없을 때에도 필립포스와 알렉산드로스에 대해 호의적인 친(親)마케도니아 성향의 아테네인들은 데모스테네스(기원전 383-322년)와 같은 반(反)마케도니아 성향의 시민들의 반감과 경계와 공격의 칼날 앞에 서 있었다.

42) 이소크라테스는 『교환소송에 관하여』에서 자신의 교육 경력을 이야기하면서 제자들에 관해서도 몇 가지를 언급하였다. 아테네뿐만 아니라 다른 도시국가에서도 학생들이 왔다고 밝혔는데, 그들은 "헬라스인들 중에 가장 여유 있는 사람들"이었으며, 그들에게서는 교육에 대한 대가로 돈을 받았다고 인정하였다. "제가 가진 재산은, 저 사람들은 이것을 부풀려 말을 했지만 어쨌든 모두 바깥(=아테네 바깥)에서 왔습니다." 그가 제시한 대표적인 사례는 살라미스의 왕 니코클레스였다.(39-40) 한편 그는 자신의 제자 가운데 아테네인 티모테오스를 칭찬한다.(101-139) 또한 자기 제자들 중에는 뛰어난 정치연설가도 많고, 아테네인들의 존경을 받아 명예의 금관을 받은 사람도 있다고 자랑한다. 에우노모스, 뤼시테이데스, 칼립포스가 첫 번째 명단이고, 그다음으로 오네토르, 안티클레스, 필로멜로스, 카르만티데스가 거명된다. 그들은 자기 개인 재산의 많은 부분을 아테네를 위해 사용하였기 때문에 금관을 받았다고 한다.(93-94) 그 밖에 이사이오스, 뤼쿠르고스, 휘페레이데스와 같은 연설가들과 역사가 에포로스와 테오폼포스, 철학자 스페우십포스 등도 그의 제자였다.

43) 이소크라테스가 전제정(monarchia)이 다른 정치체제보다도 필연적으로 더 많은 위험성이 있다고 생각하는 이유는 그런 체제에서는 국가의 모든 것이 단 한 사람에게 달려 있기 때문이다. 이런 점에서 그는 필립포스에게 보낸 첫 번째 편지에서 신상의 안전을 걱정하는 편지를 보낸 것이다. 그가 신중하지 못하게 전쟁터에서 행동하다 다치거나 목숨을 잃는다면 한 사람이 죽는 것에서 끝나는 것이 아니라 마케도니아 전체가 위험에 빠지며 나아가 그리스 전체가 위험할 수도 있기 때문이다. 그 편지에서 이소크라테스는 필립포스에게 그리스의 통합과 페르시아에 대한 군사적 원정에 관해 기대를 걸고 있었기 때문에 그의 안위를 걱정했던 것이다.

44) 기원전 377-353년에 카리아를 페르시아의 태수(satrapēs)로서 다스리던 마우솔로스와 그의 형제 이드리에우스, 오론테스와 아타르네우스의 참주였던 헤르미아스를 가리킨다. 그들은 명목상 페르시아 왕에게 복속되어 있었지만 내정과 외교적인 문제에서 상당한 수준의 독자적인 행보를 했다고 한다. 기원전 346년에 이소크라테스는 이 가운데에서 이드리에우스

와 필립포스 사이에 모종의 연합 가능성을 기획했다.(『필립포스에게』(연설문) 103-104) 헤르미아스는 플라톤의 아카데미아에서 수학했고 나중에 앗소스에 학교를 세웠으며 플라톤의 여섯 번째 편지의 수신자로 알려진 사람인데, 그는 아리스토텔레스의 중재로 마케도니아와 일정한 관계를 맺게 되었고, 이로 인해 기원전 341년에 수사로 불려 가 페르시아 왕의 조사를 받았다. 페르시아 왕은 그에게서 필립포스의 계획을 알아내려고 했다. 그러나 그에게서 아무것도 얻어내지 못하자 그를 처형했다.

45) 고대 그리스인들은 상금을 주는 경연에서 우승하는 것보다도 승리의 관을 수여하는 경연에서 우승하는 것을 더 높게 평가하였다. 모든 그리스인들이 참여하는 전(全) 헬라스 경연대회는 네 가지가 있었다. 올림피아에서 열린 올림픽경기(olympiakoi agōnes)에서는 올리브 나무로 만든 승리의 관을 주었고, 델피에서 열린 퓌티아 제전에서는 월계수로 만든 관을 주었으며, 네메아에서 열린 네메이아 제전에서는 일종의 야생 샐러리로 만든 승리의 관을, 코린토스의 이스트모스에서 열리는 이스트미아스 제전에서는 야생 샐러리나 소나무로 만든 승리의 관을 수여했다.

46) 이소크라테스가 알렉산드로스의 아버지인 필립포스(기원전 382-336년)에게 보낸 편지는 모두 두 통이 남아 있다. 그 가운데 첫 번째 편지를 가리킨다. 이 편지를 받은 알렉산드로스의 나이는 만으로 약 14세였고, 아리스토텔레스의 가르침을 받고 있었다. 이소크라테스가 볼 때 알렉산드로스가 아리스토텔레스의 가르침을 받는다는 사실은 탐탁치 않은 것이었다. 행여 쓸데없는 말싸움의 기술이나 형이상학, 천문학, 생물학 등 왕위계승자에게는 크게 실용성이 없는 지식에 몰두하게 되지나 않을까 걱정했을 것 같다. 이소크라테스는 자신의 교육적 신념을 피력하며 알렉산드로스가 올바른 '제왕'의 길을 가길 염원하는 마음에서 이 편지를 썼다고 볼 수 있다.

47) 이소크라테스가 필립포스에게 보낸 편지가 사적인 것이라면 그것을 읽는 사람은 필립포스 한 사람이어야 한다. 그러나 이 구절은 이소크라테스가 필립포스뿐만 아니라 다른 여러 사람들이 자신의 편지를 두루 읽기를 기대하고 있음을 보여준다. 그의 편지는 한 사람의 특정 수신자를 위한 편

지에 그치는 것이 아니라 여러 사람들을 향한 공적인 성격의 연설문으로 의도된 것으로 보인다.

48) 이소크라테스(기원전 436-338년)가 이 편지를 쓰고 있을 때(기원전 342년)는 만으로 약 94세였다. 이소크라테스는 나이가 많이 든 후에는 자신의 노령에 관하여 자주 언급하였다. 청자들에게 꼭 필요한 것을 어른으로서 사심 없이 말한다는 인상을 주기 위한 수사적 전략으로 이해할 수 있다. 미주 1), 2)를 보라.

49) 이소크라테스는 어린 알렉산드로스를 '지혜를 사랑하는 자', 즉 '철학자'(philosophos)라고 부르고 있다. 알렉산드로스가 어린 나이에도 불구하고 '지혜(sophia)를 추구하는 일을 좋아하고(philein) 기쁨을 느끼며 열심을 다하는 사람'이기 때문이다. 이소크라테스가 말하는 철학은 플라톤이나 아리스토텔레스가 사용하는 '철학'보다는 훨씬 더 넓은 개념이며, 엄밀하고 명료한 보편적인 지식이 아니라 사람들 사이에서 통할 수 있는 의견을 구성하는 능력을 추구하는 활동으로 정의되기 때문이다. 이소크라테스는 필립포스에 대해서도 "사람들은 당신이 철학을 공유한다고 말한다"는 점을 밝힌 적이 있다. 『필립포스에게』(연설문) 29를 보라.

50) "현명하지 못함이 없고"(ouk aphronōs)라는 표현은 이소크라테스가 강조하는 실천적인 지혜로서의 '현명함'(phronēsis)을 부각시킨다. 이 지혜는 개인적인 측면에서는 물론이고, 특히 공적인 차원에서 정치적인 사안에 관하여 공동체의 이익과 공동체에게 좋은 것이 무엇인지를 선택하고 실천할 수 있는 능력을 가리킨다. 보편적이고 객관적인 지식과는 달리 변화무쌍한 정치적인 상황에서 시의적절한 의견을 구성하고 선택할 수 있는 능력과 통한다. 그런 능력을 갖춘 사람을 이소크라테스는 '현명한 사람'(phronimos)이라고 불렀고 그것이 없는 사람, 즉 현실적인 감각이나 정치적인 판단력이 없는 사람을 바로 '현명하지 못한 사람'(aphronos)이라고 칭한 것이다. 여기에는 논쟁을 일삼는 사람들이나 현실적인 가치가 없는 공론에 집착하며 추상적인 논변에 열중하는, 자칭 철학자들이 포함된다. 현명함에 관해서는 미주 54)를 보라.

51) '자기 자신을 돌보는 일', 특히 '영혼을 돌보는 일'(epimēleia tēs psukhēs)

은 소크라테스가 말하는 철학과 아주 밀접하게 연결되는데, 이소크라테스도 이런 점에서는 소크라테스와 다르지 않다. 영혼을 돌보는 일, 그래서 '자기 자신을 돌보는 일이 구체적으로 어떤 것인가?'라는 문제에 답하면서 두 사람 사이에는 내용적으로 차이가 생긴다.

52) "논쟁에 관련된 철학"(tēn peri tas eridas (philosophian))이란 '논쟁 자체만을 위해 온갖 지식을 총동원하는 일을 좋아하는 것'을 비판적으로 규정하기 위한 표현이다. 같은 표현이 『헬레네 찬가』 6에도 나온다. "논쟁에 관련된 철학은 이런 결과를 만들어낼 수 있는 것이다." 이런 '철학'의 특징은 사적이거나 공적인 일에 관하여 '현명한 판단을 내리는 일'(phrontizontes)은 없으며, 어떤 일에도 쓸모가 없는 말만을 즐기는 것이다. 이와 같은 규정에 앞서 『헬레네 찬가』 1-5에서 이소크라테스는 그에 해당하는 여러 사례들을 제시하는데, 프로타고라스와 고르기아스 같은 소피스트들은 물론, 제논과 멜리소스같이 이른바 '소크라테스 이전 철학자'로 꼽히는 인사들도 포함되어 있다. 또한 용기와 지혜와 정의가 같은 것이라고 주장하는 사람들도 있다고 지적하는데, 판 훅(L. Van Hook)의 해석에 따르면 이는 플라톤과 그를 계승하게 될 아카데미아 소속의 지식인들을 겨냥한 것으로 보인다.(Van Hook, L., 1945, *Isocrates*, Vol. III, Cambridge: Harvard University Press, p. 61) 마티유와 브레몽도 플라톤이 전면에 내세우는 변증법(dialektikē)을 이소크라테스가 여느 논쟁법(eristikē)과 다른 것으로 보지 않고 이곳에서 싸잡아 비판한다고 해석하고 있다.(Mathieu, G. and Brémond, É., 1962, *Isocrate Discours*, tome IV, p. 214 각주 2) 실제로 『헬레네 찬가』에서 이소크라테스는 이렇게 쓰고 있다. "그들은 말로는 (자신들의 주장을 입증하기 위해) 반박하는(exelenkhein) 시늉을 하지만 실제적으로는 이미 오랜 시간 동안 반박당한 상태인, 그와 같은 '허풍스러운 말재주'(terthreia)를 포기하면서 진실을 추구하고 우리가 정치적인 일로 다루는 일들에 관하여 문하생들을 교육해야만 합니다. 쓸모 있는 일들에 관하여 '공정유연한 의견을 갖는 일'(epieikōs doxazein)이 쓸데없는 일들에 관하여 '정확한 지식을 갖는 일'(akribōs epistasthai)보다 훨씬 더 큰 힘이 있으며 중대한 일에서 조금이라도 앞서는 것이 사소하고 삶에 아무런

이익을 가져다주지 못하는 일들에서 두각을 나타내는 것보다 더 낫다는 사실을 '곰곰이 생각하면서'(enthumoumenous) 말입니다."(4-5) 반면에 『교환소송에 관하여』에서는 논쟁적인 것에 대해서 일정 부분 인정한다. "저는 논쟁적인 말에 유능한 선생들과 천문학과 기하학과 그와 같은 종류의 학과에 종사하는 사람들이 자신들의 문하생들을 해롭게 하지 않으며 오히려 이롭게 한다고는 생각합니다." "그와 같은 공부는 영혼의 훈련이며 철학을 위한 준비 작업이라고 부르겠습니다."(『교환소송에 관하여』 261, 266) 비슷한 내용이 『아테네 대축전에 부쳐』 26-29에서도 나온다. 여기에서도 논쟁적인 철학의 가치에 관해 일정 부분 인정하는 투로 말하고 있지만 부수적이고 초보적인 수준과 개인적인 차원에서만 그 가치가 인정된다.

53) "소일거리"는 "디아트리베"(diatribē)를 번역한 것이다. 이 단어는 소크라테스가 제자들과 함께 시간을 보내던 것을 가리키는 말로 자주 쓰였다.(플라톤, 『소크라테스 변명』 33e, 37d) 특히 제자들과 대화를 나누며 여유롭게 시간을 보내던 것을 가리킨다.(『뤼시스』 204a; 『향연』 177d; 『파이드로스』 227b; 『국가』 475d; 『테아이테토스』 172c) 그것은 경제적인 활동이 아니며, 따라서 크세노폰과 같은 사람은 '시간 낭비'라는 개념으로 사용하기도 했다.(『오이코노미아』 8.13) 이소크라테스는 여기서 논쟁적인 철학을 "사적인 소일거리"와 연결시키는 반면, 자신의 철학에 대해서는 "말과 관련된 교육"을 연결시킨다.

54) "현명함"(phronēsis)은 이소크라테스의 '말에 관한 교육'에서 핵심적인 덕목이다. 그는 『교환소송에 관하여』 271에서 "의견에 의해 대부분의 경우에 더 좋은 것에 이를 수 있는 사람이 지혜로운 사람(sophos)이며, 그와 같은 현명함을 가장 빠르게 취할 수 있는 원천이 되는 것들에 전념하는 사람들이 철학자라고 생각합니다."라고 말한다. 이에 따르면 현명함이란 절대적이고 보편적인 지식(epistēmē)이 아니라 사람들 사이에서 통하는 의견에 의해 대부분의 경우에 최선의 해결책을 찾아내는 지혜라고 정의될 수 있다. 그리고 그 의견이란 급변하는 정치현실 속에서 삶의 문제와 관련하여 내리는 시의적절한 판단과 직결된다. 그것은 이소크라테스의 철학, 즉

말의 교육에서 가장 중요한 목표 가운데 하나이다. 그의 교육은 결국 현명함을 갖춘 지혜로운 사람을 키워내어 공동체의 삶에 유익을 끼칠 수 있는 인재를 육성하는 것이다. 이 개념에 관해 『헬레네 찬가』를 중심으로 심층적인 분석을 한 것으로는 Schwarze, S., 1999, "Performing Phronesis: The Case of Isocrates' *Helen*", *Philosophy and Rhetoric*, Vol. 32, No. 1, pp. 78-95를 보라. 현명함은 아리스토텔레스의 윤리학에서도 중요한 지적인 능력으로 부각된다. 그는 인간의 영혼을 '이성적인 부분'과 '비이성적인 부분'으로 나누고, 이성적인 부분을 다시 '지식의 부분'(epistēmonikon)과 '헤아리는 부분'(logistikon)으로 나누어 앞엣것을 "그 원리가 다르게 있을 수 없는 존재자들을 성찰하는 것"으로, 뒤엣것을 "[그 원리가] 다르게 있을 수 있는 존재자들을 성찰하는 것"으로 정의하였다.(『니코마코스 윤리학』 1102a26-28, 1139a4-9) 한편 참을 인식하는 품성상태(hexis)를 다섯 가지로 나누었는데, 현명함은 기술(tekhnē), 지식(epistēmē), 지혜(sophia), 이성적 직관(nous)과 함께 그 속에 속한다. 반면에 이소크라테스가 현명함에서 중요한 요소로 꼽았던 '의견'(doxa)은 허위에 빠질 수 있다는 이유로 추측(hupolēpsis)과 함께 제외된다.(1139b14-17) 이런 점에서 아리스토텔레스는 이소크라테스의 덕목을 그대로 수용하지 않고 비판적으로 수용한 것이며, 그런 수용에는 플라톤의 영향력이 읽힌다. 한편 '현명한 사람'(phronimos)은 다음과 같이 기술된다. "자신에게 좋은 것, 유익한 것들과 관련해서 잘 숙고할 수 있다는 것이 현명한 사람의 특징으로 보인다. 그런데 [이때 잘 숙고한다는 것은] 건강이나 체력과 같은 부분적인 것에서 무엇이 좋은지 생각하는 것이 아니라, 전체적으로 잘 살아가는 것과 관련해서 무엇이 좋고 유익한지 잘 숙고한다는 뜻이다." "잘 살아가는 것과 관련해서 일반적으로 잘 숙고하는 사람이 현명한 사람일 것이다."(1140a25-31) 아리스토텔레스가 현명한 사람을 삶과 실천, 행동과 선택에 관련된 이성의 지적 능력을 갖춘 사람으로 정의한 것은 이소크라테스와 맥을 같이한다고 볼 수 있다. 또한 그는 현명함을 의견(doxa)과 별개의 것으로 구분하면서도 "다르게 있을 수 있는 것들" 가운데 제작이 아니라 행위의 영역에 속하는 것으로서 "의견을 형성하는 부분의 탁월성"(aretē tou doxastikou)으로 정의하는데(1140b27) 여기에서는 좀 더 분명하게 이소크라테스의 흔적을 읽을 수 있다. 앞에서 인용된 번역은 강상진·김재홍·이창우의 것(아리스토텔레스, 강상진·김재홍·이창우 역, 2011, 『니코마코스 윤리학』, 길)을 살짝 손질한 것이다. 그들은 내가 현명함으로 번역한 'phronēsis'를 '실천적 지혜'라고 번역한다.

55) "환대하는 관계"로 번역한 "크세니아"(xenia)를 이소크라테스는 개인과 개인, 집안과 집안, 도시국가와 도시국가 사이에서 성립하는 우호 관계를 가리키는 말로 사용하고 있다. 상호 간의 존경과 도움을 약속하는 사이에서 사용되는 용어이다. 손님으로 찾아갔을 때 받게 되는 적극적인 환대를 표현할 때도, 낯선 사람을 맞이하며 환대할 때도 사용된다.

56) "한창 나이"로 번역한 "아크메"(akmē)는 뾰족한 부분을 가리키는 말로, 힘이나 권력의 정점을 뜻한다. 한 사람의 생애에서 가장 왕성하게 일할 수 있는 나이를 지칭할 때 사용되곤 하는데, 대체로 약 40세의 나이를 가리킨다. 이 편지를 쓸 때 77세였던 이소크라테스는 이 편지의 4에서는 "나는 한창 나이(akmē)를 이렇게나 많이 지난 탓에"라고 말했지만 여기에서는 익살스럽게도 자신이 "한창 나이"라고 말한다. 40세의 "한창 나이" 때보다 편지글을 잘 쓸 수는 없지만 77세의 나이는 젊은 친구들에게 조언과 충고를 하기에는 아주 좋은 "한창 나이"라고 말하는 것이다.

57) 가장 중요한 판본으로 평가되는 ΓE에서는 "일"(ergon)이라는 단어가 없어서 '더 이상 우리 나이에 속하지 않습니다.' 정도로 해석될 수 있는데, 그 의미를 따져본다면 그것은 "더 이상 우리 나이에 할 일은 아닙니다."가 될 것이다. 실제로 '교감장치'(appartus criticus)에서 볼 수 있듯이 통속적인 판본(vulg.)은 '일'에 해당하는 "에르곤"(ergon)을 넣어서 읽는다. 『필립포스에게』(연설문) 10에서도 비슷한 표현이 나온다. "저는 이런 연설(logos)이 저와 같은 나이가 아니라 활짝 꽃핀 절정에 이른 사람과 타고난 재능에서 다른 사람들을 능가하는 사람을 요청한다는 사실을 잘 알고 있습니다."

58) 당대의 많은 연설가나 수사학 교사들, 심지어 이소크라테스를 비판하는 사람들조차 이소크라테스의 문장을 모방하면서 그것을 자신들의 역량이

나 주제, 지식에서 나온 것처럼 과시했던 것 같다. 이소크라테스는 이 점에 대해 큰 불만을 품고 있었다. "중상모략을 일삼는 자들조차도 우리를 모방하며…."(『필립포스에게』(연설문) 11) "연설문 『시민대축전에 부쳐』는 철학에 관련해 소일하는 사람들을 더욱더 풍요롭게 만들었지만 저를 아주 궁핍하게 만들었습니다. 왜냐하면 저는 그 연설문에서 쓴 것과 똑같은 것을 반복해서 말하고 싶지는 않기 때문입니다."(『필립포스에게』(연설문) 84) 마티유와 브레몽은 이와 같은 사정을 지금 이 맥락에 연결시키지만(Mathieu, G. and Brémond, É., 1962, *Isocrate Discours*, tome IV, p. 190a 각주 1) 엄밀하게 말해서 두 맥락은 다소 엇갈린다. 이곳에서 이소크라테스가 해명하려는 것은 자신을 고발하고 곤경에 빠뜨린 자들이 자신의 연설문을 이용해 자신을 공격한다는 사실을 강조하면서 자신도 자신을 변호하기 위해 이전에 썼던 글을 이용하겠다는 것이기 때문이다.

59) 이와 비슷한 식의 변명은 『교환소송에 관하여』 74에도 나온다. 이소크라테스가 연설을 통해 아테네의 젊은이들을 타락시킨다고 고발한 사람들은 그를 공격하기 위해 그의 연설문 일부를 가져다 쓰는 상황에서 그가 자신의 연설을 인용하여 자기 입장을 변호하는 것은 정당하다는 논지에서 한 말이다. "만약 제가 다른 사람들이 저의 연설들을 이용하는 것을 보고도 저만은 제가 예전에 발표했던 연설들의 사용을 포기한다면, 특히나 지금 여러분을 상대로 단순히 작은 부분만이 아니라 전체 모습을 이용하기로 결정한 상태에서 그렇게 한다면 그것은 이상한 일일 것입니다." 『필립포스에게』(연설문) 93-94에서도 비슷한 변명이 나온다. 필립포스에게 '범그리스주의'를 강조하기 위해 연설문을 쓸 때, 새로운 내용과 새로운 방식·문체로 글을 쓰려고 애쓰기보다는 이전에 썼던 글을 재활용하는 것이 정당하다는 논지이다.

60) 이소크라테스는 자신이 평생을 바쳐 전념했던 '말의 교육'(paideia tōn logōn)을 '필로소피아'라고 불렀는데, 여기에도 이 개념이 사용되었다. 그의 '말의 교육'이 가장 잘 설명된 곳은 『교환소송에 관하여』 180-192이다. 영혼을 돌보는 일로서의 철학 개념은 소크라테스의 개념과 같지만, 영혼을 돌본다는 것이 결국은 '영혼을 그려내는 그림'과도 같은 말을 잘 다

들어내는 것으로 통하고 그 최종적인 열매는 정치적 공동체 안에서 인간의 삶에 관한 현명함에서 나타난다. 구체적으로는 급변하는 정치적인 현실 속에서 시의적절한 의견을 제시하여 개인과 공동체에 유익을 끼칠 수 있는 판단력과 표현력이 중요하다. 그것이 그가 추구하는 지혜의 요체였다. 따라서 지혜로운 사람(sophos), 지혜를 사랑하는 사람(philosophos)은 현명한 사람(phronimos)이며 수사적 인간(rhētorikos)이고 법률과 규칙에 충실하게 공평무사한 태도를 취하면서도 유연하고 합리적인 태도로 타인에 대한 관대함을 잃지 않는 '공정유연한 사람'(epieikēs)이었다. 그는 교육계에 뛰어들어 출사표처럼 던진 연설문 『소피스트 반박』 21에서 이렇게 말했다. "저의 '철학'(philosophia)이 제안한 것들을 따르기 원하는 사람들은 능변(rhētoreia)보다는 공정유연함(epieikeia) 쪽으로 훨씬 더 빨리 가도록 도움을 받을 것입니다." 그러나 판 혹은 이 부분을 "the students in my school of rhetoric"이라고 번역했는데, 이소크라테스의 '필로소피아'를 '수사학'으로 해석한 번역이다. 플라톤이 이소크라테스와 경쟁하며 취했던 전략을 그대로 반영한 번역이다. 플라톤은 이소크라테스와 자신을 차별화하기 위하여 자신의 철학이 진정한 철학이며, 이소크라테스의 것은 '어떤 철학'이라는 표현을 쓴 바 있지만 결국 '레토리케'라는 말을 만들어 이소크라테스를 규정하고 그를 철학의 영역 바깥으로 밀어낸 셈이다. 티메르만(D. M. Timmerman)은 지금까지 플라톤과 이소크라테스가 '필로소피아' 개념을 두고 벌인 논쟁이 제대로 조명되지 않았다고 지적하면서 그 이유는 플라톤이 그 논쟁에서 승리하고 철학의 정의를 독점(?)해 버렸기 때문이라고 지적한다. "정의(definition)를 두고 벌이는 싸움에서 패배자는 그 여파 속에서 벌어지는 지성적 논의에서 종종 심각한 불이익을 당한다. 더 나쁜 것이 있다면, 시간이 지나갈수록 패배한 정의(definition)는 물론 싸움 자체가 지성사의 기록에서 거의 삭제되었다는 사실을 발견할 수도 있다는 것이다. 승리자가 전부 다 가져간 경우도 있다! 기원전 4세기에 철학의 정의를 두고 이소크라테스가 플라톤과 벌인 싸움이 바로 그런 경우이다. 이소크라테스가 철학의 한 개념을 밀고 나가는 데에 상당한 힘을 쏟았다 해도 플라톤이 이 개념 싸움에서 승자였다는 이유로 그의 개념은 플라톤의 개념의 그늘 속에서 시들어버린 상태이다."(Timmerman, D. M., 1998, "Isocrates' Competing Conceptualization of Philosophy", *Philosophy and Rhetoric*, Vol. 31, No. 2, pp. 145-159)

61) 왕 노릇 하는 사람은 어떤 일을 어떤 자세로 해야만 하는가? 이른바 정치적 지도자나 군주를 위한 수사학이 성립하려면 이에 관한 분명한 생각이 있어야 한다. 이소크라테스는 『니코클레스에게』(연설문) 9에서 좀 더 명확하게 제시한 바 있다. "먼저 왕 노릇 하는 사람들의 일(ergon)이 무엇인지를 살펴봐야 합니다. 왜냐하면 우리가 사안(pragma) 전체의 효력을 요점 정리하는 식으로 아름답게 포착할 수 있다면 그것에 주의를 기울이면서 부분들에 관해서도 좀 더 말을 잘할 것이기 때문입니다. 실로 저는 왕 노릇 하는 사람들에게 속한 일은 도시가 겪는 불행을 멈추게 하고, 아름답게 돌아갈 수 있도록 지켜주며, 작은 나라를 크게 만드는 것임을 모든 사람들이 동의할 것이라고 생각합니다. 실제로 그들은 바로 이런 일들을 위해서 매일 일어나는 다른 일들을 실행해야만 하는 것입니다."

62) "시민 중심의 정치체제"란 "폴리테이아"(politeia)를 번역한 것으로, 이 개념은 원래 시민들의 총체로서 폴리스를 시민 중심으로 규정할 때 쓰거나 그 구성원인 시민의 정치적 권리 또는 정치적 삶의 방식 일반을 가리키지만, 도시국가 폴리스를 정치적 기본 단위로 놓고 운영되는 정치체제 일반을 가리키기도 한다. 그러나 독재정(monarkhia), 참주정(turanis), 과두정(oligarkhia), 귀족정(aristokratia) 등과 대비될 경우에는 도시국가의 구성원인 시민들이 정치적 권력의 주체가 되는 정치체제로서 민주정과 같은 의미로 사용될 수 있으며, 이런 점에서 공화정의 성격을 가질 경우에는 과두정에 대해서도 사용될 수 있다. 현재 문맥에서는 민주정을 가리키는 말인데, 이소크라테스는 민주정을 평생 동안 지지했다. 그러나 말년에 이르러서 그는 아테네의 민주정이 심각하게 왜곡된 것을 통탄하곤 했다. 민주정에 대한 그의 이중적인 태도는 학자들 사이에서 쟁점이 되곤 하는데, 그가 최선자들이 대중의 지지를 바탕으로 정치적 지도자 노릇을 하는 공화적 정치체제를 선호했다고 보는 입장을 취하는 학자들이 적지 않다.

63) 티모테오스의 아버지는 클레아르코스였다. 기원전 364년에 흑해 연안의

헤라클레이아의 참주가 되었으며 12년간 통치하였는데, 매우 잔혹한 태도로 일관했다고 한다. 참주가 되기 전에는 아테네에 머물며 이소크라테스에게 교육을 받았는데, 당시에는 친절하고 인간미 넘치는 품성으로 칭찬을 받았다. 기원전 353년 그가 죽자 그의 동생이었던 사튀로스가 섭정으로 권력을 이어받았으며 7년 동안 통치한 후에는 순리에 따라 클레아르코스의 아들 티모테오스에게 권력을 이양했다. 티모테오스는 기원전 346년부터 338년까지 통치했는데, 아버지 때보다는 훨씬 더 부드럽고 민주적인 방식을 취하였다. 이소크라테스는 바로 이와 같은 정책에 대해 높이 평가하는 편지를 쓴 것이다. 티모테오스 역시 이소크라테스의 제자였으니, 부자가 모두 한 스승의 제자였던 것이다.

64) "현명함"(phronēsis)에 관해서는 미주 50)과 54)를 보라. "선택"(prohairesis)은 여러 가지 선택지들 가운데에서 다른 것들에 '앞서'(pro) '취하는 것'(hairesis)을 의미한다. 아리스토텔레스에 따르면 이와 같은 선택은 '이성'(logos)과 '사유'(dianoia)가 작동하여 '미리 숙고했던 것'(probebouleumenon)을 자발적으로 취하는 것이다. 그에 따르면 예컨대 우리가 건강하기를 바란다고 할 때, 우리는 어떻게 하면 건강할 수 있을지를 숙고한 후에 건강에 이바지할 수 있는 방법과 수단을 선택하게 된다. 이와 같이 우리는 목적(=건강)을 선택하는 것이 아니라 목적에 이바지하는 것들을 선택한다. 이런 점에서 바란다는 것과 선택한다는 것은 구별된다. 바람은 자기 자신에 의해 행해지거나 쟁취될 수 없는 것과 관련될 수도 있지만, 선택은 오직 자기 자신에 의해 이룰 수 있다고 생각하는 것들만 선택하며 우리 자신에 달려 있는 것들만 선택한다. 이와 같은 선택은 좋음과 나쁨에 의해 구별되는 것으로서 윤리적인 미덕과 직결된다.(『니코마코스 윤리학』 1111b30-1112a18) 강상진·김재홍·이창우는 '프로하이레시스'(prohairesis)의 이성적이고 합리적인 성격을 부각시키기 위해 '합리적 선택'이라고 번역하였다.(아리스토텔레스, 강상진·김재홍·이창우 역, 2011, 『니코마코스 윤리학』)

65) 『평화에 관하여』 91에도 비슷한 내용이 나온다. 그곳에서 이소크라테스는 '지도자로서 시민들을 다스리는 것'(arkhein)과 '참주로서 시민들 위에

군림하는 것'(turannein)의 차이점을 지적하면서 이렇게 말했다. "다스리는 사람들의 일은 다스림을 받는 사람들로 하여금 자신들을 돌보게 함으로써 더 행복하게 만드는 것이지만 참주들에게는 다른 사람들의 노고와 고통을 통해서 자신들을 위한 쾌락을 가져가는 것이 습성처럼 굳어져 있습니다."

66) 이소크라테스는 키프로스의 왕이었던 에우아고라스를 칭찬하면서도 이와 비슷한 표현을 사용하였다. "신령한 존재께서는 에우아고라스가 왕권을 취할 때는 아름답게 해야만 한다는 생각을 그에 대해 가지고 계셨습니다. 그래서 불가피하게 불경스러움을 통해야만 마련할 수 있는 것들을 모두 다른 사람들이 행하게 만든 반면, 경건하며 정의롭게 권력을 취할 수 있는 방법들은 에우아고라스를 위해 아껴두셨던 것입니다."(『에우아고라스』 25)

67) 판 혹은 '우리들 두 사람에게'(=티모테오스와 이소크라테스)로 읽었다. 패필론도 같은 방식으로 읽고 번역하였다. 그러나 나는 이소크라테스가 자신의 유익을 위해 이 편지를 썼다고 보는 것보다는 수신자인 티모테오스와 자신이 추천하는 아우토크라토르를 위해 편지를 썼다고 보는 것이 노령의 이소크라테스에게는 더 어울린다는 판단에서 "그와 자네 두 사람에게"(=티모테오스와 아우토크라토르)라고 읽었다. 주요 필사본에는 원래 "자네들 두 사람에게"(humin)이라고 적혀 있으나, 다른 글씨체로 "우리들 두 사람에게"(hēmin)이라고 덧붙어져 있다.(T. L. Papillon, 2004, *Isocrates* II)

68) "시가(詩歌)"로 번역한 "무시케"(mousikē)는 영어 단어 'music'은 물론 한국어 '시가'보다도 훨씬 외연이 넓다. 말 그대로 하면 '무사'(Mousa) 여신들의 '솜씨와 기술'(-ikē)이다. 그리스 신화에서 무사 여신은 모두 아홉인데, 최고의 신인 제우스와 기억의 여신인 므네모쉬네의 딸들이다. 그들은 음악과 시가는 물론 교양과 학문의 여러 장르들을 맡는다. '소문과 명성'의 클레이오(Kleiō)는 역사를 관장하며, '아름다운 기쁨'의 에우테르페(Euterpē)는 아울로스(피리) 연주와 그 합창 서정시를 담당한다. 지팡이와 웃는 가면을 들고 다니는 모습을 한 '축제'의 탈레이아(Thaleia)는 목

가(牧歌)와 희극을, 진지한 표정의 가면과 운명의 몽둥이를 들고 다니는 모습을 한 '노래와 춤'의 멜포메네(Melpomenē)는 비극을, '춤과 노래의 즐거움'을 뜻하는 테릅시코레(Terpsikhorē)는 뤼라와 그 반주에 노래되는 서정 합창시를, '사랑'의 에라토(Eratō)는 연애의 내용을 담은 감미로운 서정시를, 입에 손가락 하나를 대고 명상하는 모습으로 그려지는 '수많은 찬양의 노래'라는 뜻의 폴뤼휨니아(Poluhumnia)는 신을 찬미하는 노래를, 나팔과 물시계를 들고 있는 모습의 '하늘의 여신' 우라니에(Ouraniē)는 음악적인 질서로 운동하는 하늘을 탐구하는 천문학을 담당한다. 그리고 마지막으로 '아름다운 목소리'라는 뜻의 칼리오페(Kalliopē)는 장대한 서사시와 달콤한 연설의 기교를 맡는다. 그녀는 최고의 전설적 가인(歌人) 오르페우스의 어머니인데, 헤시오도스는 그녀를 가장 뛰어난 무사로 꼽는다. 이런 사정을 고려하여 패필론은 'culture'라고 옮겼는데, 취지는 이해할 수 있지만 그 번역은 'mousikē'의 원래 외연보다 더 넓어지는 것 같아 또 다른 단점을 보인다.

69) 서정시를 대표로 하는 시가가 가장 활짝 꽃을 피운 곳은 레스보스섬이었고, 그곳의 중심 도시가 바로 뮈틸레나이아였다. 이곳 출신으로 서정시에서 명성을 드높인 시인으로는 삽포와 알카이오스, 테르판드로스를 꼽을 수 있다. 또한 그리스 일곱 현인들 가운데 하나로 꼽히는 핏타쿠스도 뮈틸레나이아 출신이다. 디오게네스 라에르티오스의 『소피스트들의 생애』(8.82)에서는 뮈틸레나이아 출신의 아르퀴타스라는 사람도 "시가에 뛰어나다"(mousikos)고 소개되고 있다.

70) 비슷한 내용의 한탄이 『시민대축전에 부쳐』 1-2에도 나온다. "시민대축전을 조직하고 체육대회를 개최한 사람들에게 저는 여러 차례 깜짝 놀랐습니다. 신체를 움직여 탁월한 성취를 보인 사람들에게는 그토록 큰 상을 주는 것이 당연하다고 생각하면서도 공동체를 위하여 개인적인 노력을 다하고 자신의 영혼이 다른 사람들에게 이로움을 끼칠 수 있도록 준비하는 사람들에게는 아무런 명예를 보상해주지 않기 때문입니다. 그들은 오히려 이들에 대해서 더 먼저 마음을 썼어야 했습니다. 그게 맞는 일(=그럴듯한 일, eikos)입니다. 왜냐하면 운동선수들은 설령 그들이 그 대단한

힘을 두 배로 갖게 된다고 하더라도 더 많은 것이 다른 사람들에게 생기는 것은 아니지만, 한 사람이 현명한 생각을 잘한다면 그의 생각을 함께 하길 원하는 사람들은 모두 다 혜택을 누릴 수 있기 때문입니다." 『교환소송에 관하여』 250에서도 유사한 내용이 나온다. "그런데 모든 것들 가운데 가장 무서운 것은 그들이 영혼을 몸보다 더 고귀한 것이라고 호의적으로 판단을 내리고 그렇게 알고 있으면서도 체력을 단련하는 데에 열심인 사람들을 철학에 열중하는 사람들보다 더 중요하게 받아들인다는 사실입니다. 정말이지, 더 비천한 것을 돌보는 사람을 더 고귀한 것을 돌보는 사람보다 더 많이 칭찬한다는 것이, 그리고 이 도시가 말할 만한 일들을 해낸 것이 결코 신체의 건강함 때문이 아니며 오히려 사람의 현명함 때문에 헬라스의 도시들 가운데 가장 행복하고 가장 중요한 도시가 된 것임을 모든 사람이 알고 있는 상황에서 이런 일이 벌어지고 있으니, 이 어찌 말도 안 되는 일이 아니겠습니까?"

71) 아르키다모스 3세는 기원전 360년에 그의 아버지 아게실라오스의 뒤를 이어 스파르타의 왕이 되었다. 그런데 이소크라테스가 이 편지를 보낼 때는 나이가 80세라고 밝히는데(16), 이에 따르면 아르키다모스가 보위에 오른 지 4년이 지난 기원전 356년쯤이다. 그러나 패필론과 같은 학자들은 아르키다모스가 권좌에 오른 지 벌써 4년이 지난 후에 이소크라테스가 이런 편지를 보낸 것이 적절하지 않다고 생각하면서, 이 편지가 기원전 356년 이전에 작성되어 보내졌을 가능성이 높으며, 80세의 나이라고 밝힌 것은 정확한 표현이 아니라 자기 나이를 대략적으로 밝힌 것이라고 해석한다. 만약 그런 것이 아니라면 보위에 오른 후 여러 정황을 살핀 뒤에 보낸 편지라고 본다.(T. L. Papillon, 2004, *Isocrates* II, pp. 277-278)

72) 이소크라테스는 이 편지를 보내기 이전에도 대략 기원전 366년쯤에 그가 의회에서의 심의연설을 하는 형식의 연설문을 아르키다모스에게 보냈던 적이 있다. 그는 아르키다모스가 '범그리스주의'를 실현할 수 있는 사람, 즉 분열되어 서로 싸우고 있는 그리스를 한마음 한뜻으로 모아 그 힘으로 페르시아 원정을 주도할 지도자로 생각하며 연설문에 이어 이 편지를 보낸 것이다. 그러나 『디오뉘시오스에게』와 『이아손의 자제들에게』와 마찬

가지로 결론 부분이 전해지지 않고 있다.

73) 스파르타인들은 자신들이 제우스와 알크메네 사이에 태어난 헤라클레스의 자손들이라고 주장했다. 이소크라테스는 아르키다모스가 의회에서 연설을 하는 것처럼 쓴 『아르키다모스』 8에서 이렇게 말하게 만들었다. "헤라클레스의 후손이며 왕이신 아버지의 아들로서 이와 같은 명예를 갖는 것이 합당한 제가 만약 선조들이 우리에게 남겨주신 이 땅을 우리들의 노예가 차지하는 것을 가만히 보고만 있다면 저는 수치스러울 것입니다." 스파르타인들이 헤라클레스의 자손이라는 시각은 『시민대축전에 부쳐』 62-63에도 나온다. "지금 라케다이몬에서 왕 노릇 하는 사람들의 조상, 즉 헤라클레스의 자손들은 펠로폰네소스반도로 다시 내려갔고 아르고스와 라케다이몬과 멧세네를 취했으며 스파르타의 거주민이 되었습니다. … 그리고 헤라클레스의 자식들(=스파르타인들)을 위하여 위험한 전쟁을 무릅썼던 이 도시(=아테네)를 위험한 전쟁에 빠뜨려서도 안 됩니다."

74) 스파르타가 기원전 387년에 페르시아의 왕과 맺은 안탈키다스의 평화협약을 가리킨다. 스파르타는 코린토스, 테베, 아테네 등 그리스 내부의 유력한 도시들의 위협에 대응하기 위해 페르시아에게 도움을 얻는 조건으로 소아시아 연안의 그리스 식민도시들에 대한 권한을 페르시아에게 넘겨주었던 것이다. 『시민대축전에 부쳐』 122에서 이소크라테스는 이 사건을 중심으로 스파르타에 대해 비판을 가했다. "라케다이몬 사람들이 헬라스인들을 구하겠다며 전쟁을 시작해놓고 정작 끝에 가서는 그들 가운데 많은 사람들을 예속의 상태로 만들었기 때문에, 그리고 우리 도시 출신으로 이민을 떠났고 우리 도시 때문에 여러 차례 구조를 받았던 이오니아 사람들을 우리 도시로부터 떼어놓은 다음에 이방인들에게 넘겨주었기 때문에 우리가 라케다이몬 사람들을 비난하는 것은 당연한 일입니다. 이오니아 사람들은 이방인들의 뜻에 반하여 그 땅을 차지하고 있으며, 그들에 대항하여 단 한 번도 전쟁을 멈춘 적이 없는데 말입니다." 『전 아테네 시민축전에 부쳐』 106도 참조하라.

75) 페르시아가 그리스를 침략한 후에 자행한 만행에 관해서 이소크라테스는 『시민대축전에 부쳐』 167-168에서도 감정을 자극하는 방식으로 기술

한 바 있다. "지나간 과거에 끔찍한 일 가운데 일어나지 않은 일이 뭐라도 있습니까? 과거로 충분합니다. 인간의 본성에 따라 일어나는 나쁜 일은 수없이 많지만 우리는 우리 자신에게 전쟁과 내분을 일으킴으로써 필요한 것보다 더 많은 불행을 찾아내었던 것입니다. 그 결과 일부는 자신의 도시에서 법적인 절차 없이 목숨을 잃었고 일부는 이방의 도시로 자식과 아내를 데리고 헤매었으며 많은 사람들이 생활에 필요한 것이 부족해서 적을 위해 자신을 용병으로 팔아넘길 수밖에 없었고 친구들과 싸우다 죽어야만 했습니다. 이런 일에 관하여 분노하는 사람은 전혀 없었습니다. 시인들에 의해 꾸며진 불행에 대해서는 눈물을 흘려야 마땅하다고 생각하면서도 전쟁 때문에 생기는 진짜 불행은 아무리 많고 끔찍해도 그냥 쳐다만 보면서 연민을 느끼는 데에는 아주 무감각합니다. 그래서 그들은 자기 자신의 좋은 일보다는 서로의 불행에 대해 더 많은 기쁨을 느끼는 지경에 이르렀습니다."

76) 이 편지를 쓴 때로부터 10년 뒤(기원전 346년)에 이소크라테스는 필립포스에게 '범그리스주의'의 실현을 조언하면서 아르키다모스의 아버지인 아게실라오스가 왜 실패하였는지를 반면교사의 사례로 제시하게 된다. "라케다이몬 사람들 가운데 가장 현명한 사람이라는 평판이 자자했던 아게실라오스는 그러한 일들을 무시했는데, 이는 모자람 때문이 아니라 공명심 때문이었습니다. 그는 두 가지 야망을 가지고 있었는데, 둘 다 아름다운 것이었지만 서로 양립할 수가 없었으며 동시에 실행할 수도 없는 것들이었습니다. 왜냐하면 그는 페르시아의 왕과 전쟁을 선택해놓고도 왕의 친구들을 그들의 도시로 다시 불러들이고 업무들을 관장할 수 있도록 만들었기 때문입니다."(『필립포스에게』(연설문) 86-87)

77) 이소크라테스는 필립포스에게도 거의 같은 말을 했다. 자신은 말로써, 필립포스는 행위로써 '범그리스주의'를 실천할 것이라는 말이다.(『필립포스에게』(연설문) 150-151) "저는 신들이 어떤 방법으로 인간사를 꾸려나가시는지 당신이 모르리라고는 생각하지 않습니다. 인간들에게 일어나는 일들이 좋은 것이든 나쁜 것이든 그들은 직접 손을 대지는 않습니다. 대신 사람들 각각에게 그런 생각을 집어넣으셔서 우리들에게 그런 일들 각

각이 서로서로를 통해 일어나도록 하는 것입니다. 예컨대 지금도 신들께서는 나에게는 말을 하도록 지시하시고 실천을 위해서는 당신을 배치하십니다. 신들께서는 당신이 그런 일들을 가장 아름답게 해낼 줄 아는 분이며, 저의 말(logos)은 듣는 사람들에게 가장 덜 지루할 것이라고 생각하고 있는 것입니다."

❁ 참고문헌

김봉철, 2004, 『전환기의 그리스 지식인, 이소크라테스』, 신서원.

김헌, 2013, 「아레테를 어떻게 이해할 것인가? — 호메로스에서 아리스토텔레스까지」, 『비교문학』 제61집, 39-71.

김헌, 2015, 「『시민대축전에 부쳐』에 나타난 이소크라테스의 수사적 전략」, 『수사학』 제24집, 49-89.

김헌, 2015, 「이소크라테스와 시민교육」, 『서양고전학연구』 제54권 1호, 35-64.

김헌, 2015, 「이소크라테스의 범그리스주의」, 『인문논총』 제72권 제3호, 서울대 인문학연구원, 45-77.

김헌, 2016, 「그리스 고전기에 '아테네가 보여준 철학'」, 『서양고전학연구』 제55권 2호, 145-182.

김헌 외, 2015, 『그리스의 위대한 연설』, 민음사.

아리스토텔레스, 강상진·김재홍·이창우 역, 2011, 『니코마코스 윤리학』, 길.

이강서, 1994, 「플라톤의 『파이드로스』 편에서의 문자비판」, 『서양고전학연구』 제8집, 131-168.

이강서, 1997, 「플라톤의 『제7서한』에서의 문자비판」, 『서양고전학연구』 제11집, 193-226.

이강서, 1999, 「플라톤의 언어관 — 『파이드로스』와 『제7서한』의 문자비판을 중심으로」, 『서양고전학연구』 제13집, 33-54.

투퀴디데스, 천병희 역, 2011, 『펠로폰네소스 전쟁사』, 숲.

Alexiou, E., 2007, "Rhetoric, Philosophy and Politics: Isocrates and the homologoumene arete", *Rhetorica: A Journal of the History of Rhetoric*, pp. 1-13.

Barbara, S., 2006, *The Epistles of Isocrates: A Historical and Grammatical Commentary*, University of California.

Blass, F. and Bensler, G., 1886, 1889, *Isocratis Orationes*, Vol. 1, 2, Leipzig.

Bouchet, C., 2014, *Isocrate l'Athénien, ou la belle hégémonie, Étude des relations internationales au IVe siècle a.C.*, Beaurdeau: Ausonius Éditions.

Cloché, P., 1978, *Isocrate et son temps*, Paris: Les Belles Lettres.

Collins II, J. H., 2015, *Exhortations to Philosophy, The Protreptics of Plato, Isocrates, and Aristotle*, New York: Oxford University Press.

Drerup, E., 1906, *Isocratis opera omnia* (hrsg.) Band 1, Leipzig.

Flower, M. A., 2000, "From Simonides to Isocrates: The Fifth-Century Origins of Fourth-Centur Panhellenism", *Classical Antiquity*, Vol. 19, No. 1, pp. 65-101.

Gaines, R. N., 1990, "Isocrates, Ep. 6.8", *Hermes*, 118, pp. 165-170.

Goggin, M. D. and Long, E., 1993, "A Tincture of Philosophy, a Tincture of Hope: The Portrayal of Isocrates in Plato's *Phaedrus*", *Rhetoric Review*, Vol. 11, No. 2, pp. 301-324.

Green, P., 1996, "The Metamorphosis of the Barbarian: Athenian Panhellenism in a Changing World" in R. W. Wallace and E. M. Harris (eds.), *Transitions to Empire. Essays in Greco-Roman History, 360-146 BC, in honor of E. Badian*, Norman, Okla., and London, pp. 5-36.

Halliwell, S., 1997, "Philosophical Rhetoric or Rhetorical Philosophy? The Strange Case of Isocrates" in B. D. Schildgen (ed.), *The Rhetoric Canon*, Detroit: Wayne State University Press, 2004.

Haskins, E. V., 2004, *Logos and Power in Isocrates and Aristotle*, Columbia: University of South Carolina Press.

Howland, R. L., 1937, "The attack on Isocrates in the *Phaedrus*", *The Classical Quaterly*, Vol. 31, No. 3/4, pp. 151-159.

Janik, J., 2012, *Political Concepts and Language of Isocrates*, Kraków.

Laistner, M. L. W., 1921, "Isocratea", *The Classical Quarterly*, Vol. 15, No. 2, pp. 78-84.

Laistner, M. L. W., 1930, "The Influence of Isocrates's Political Doctrines on Some Fourth Century Men of Affairs", *The Classical Weekly*, Vol. 23, No. 17, pp. 129-131.

Laplace, M., 1988, "L'hommage de Platon àIsocrate dand le *Phèdre*", *Revue de philology, de littérature et d'histoire ancienne*, Ser. 3: 62 (=114), pp. 273-281.

Livingstone, N., 2007, "Writing Politics: Isocrates' Rhetoric of Philosophy", *Rhetorica: A Journal of the History of Rhetoric*, Vol. 25, No. 1, pp. 15-34.

Lombard, J., 1990, *Isocrate, Rhétorique et éducation*, Paris: Klincksieck.

Mathieu, G. and Brémond, É., 1962, *Isocrate Discours*, tome IV, Paris: Les Belles Lettres.

McAdon, B., 2004, "Plato's Denunciation of Rhetoric in the *Phaedrus*", *Rhetoric Review*, Vol. 23, No. 1, pp. 21-39.

Papillon, T. L., 2004, *Isocrates* II, University of Texas Press.

Perlman, S., 1976, "Panhellenism, the Polis and Imperialism", *Historia*, 25, pp. 1-30.

Poulakos, J., 1995, *Sophistical Rhetoric in Classical Greece*, Columbia: University of South Carolina Press.

Poulakos, T., 1997, *Speaking for the Polis, Isocrates' Rhetorical Education*, Columbia: University of South Carolina Press.

Poulakos, T. and Depew, D. (eds.,), 2004, *Isocrates and Civic Education*, University of Texas Press.

Sakellariou, M. B., 1980, "Panhellenism: From Concept to Policy" in M. Hatzopoulos and L. Loukopoulos (eds.), *Philip of Macedon*, Athens, pp. 128-145.

Schiappa, E., Timmerman, D. M. and Laurén, G. (ed.), 2016, *Jebb's Isocrates, Newly*

Edited, Sophron Editor.

Schniewind, A., 2003, *L'éthique du sage chez plotin, le paradigme du spoudaios*, Paris: Librairie philosophique J. Vrin.

Schwarze, S., 1999, "Performing Phronesis: The Case of Isocrates' Helen", *Philosophy and Rhetoric*, Vol. 32, No. 1, pp. 78-95.

Smith, L. F., 1940, *The Genuineness of the Ninth and Third Letters of Isocrates*, Lancaster.

Sullivan, R. G., 2007, "Classical Epistolary Theory and the Letters of Isocrates" in C. Poster and L. C. Mitchell (eds.), *Letter-Writing Manuals and Instruction from Antiquity to the Present*, Colombia: University of South Carolina Press, pp. 7-20.

Sussman, J. H., 1921, *Die Grundzüge der panhellenischen Idee im 5. und 4 Jahrhundert v. Chr.*, Diss. Zürich.

Timmerman, D. M., 1998, "Isocrates' Competing Conceptualization of Philosophy", *Philosophy and Rhetoric*, Vol. 31, No. 2, pp. 145-159.

Too, Y. L., 1995, *The Rhetoric of Identity in Isocrates*, New York: Cambridge University Press.

Van Hook, L., 1945, *Isocrates*, Vol. III, Cambridge: Harvard University Press.

Voliotis, N., 1977, "Isocrates and Plato - An effort to interpret *Phaedrus* 278e-279b", *Platon*, 29, pp. 145-151.

Vries, G. J. de, 1953a, "Isocrates's Reaction to the *Phaedrus*", *Mnemosyne*, Fourth Series, Vol. 6, Fasc. 1, pp. 39-45.

Vries, G. J. de, 1953b, "Isocrates in the *Phaedrus*: A Reply", *Mnemosyne*, Fourth Series, Vol. 24, Fasc. 4, pp. 387-390.

Wareh, T., 2012, *The Theory and Practice of Life: Isocrates and the Philosophers*, Cambridge: Harvard University Press.

Wilcox, S., 1943, "Criticisms of Isocrates and His Filosofia", *Transactions and Proceedings of the American Philological Association*, Vol. 74, pp. 113-133.

❁ 찾아보기

[ㅎ]

[t]

[x]

이소크라테스(Isokratēs)

그리스 고전기의 대표적인 수사학 교사이자 철학자로, 기원전 436년에 아테네에서 태어나 기원전 338년에 세상을 떠났다. 프로디코스, 고르기아스, 티시아스와 같은 소피스트에게 교육을 받았다고 전해진다. 펠레폰네소스 전쟁 직후 30대 초반의 나이에 연설문 작성가(logographos)로 활동했으나 그만두었고, 기원전 392년쯤에 학교를 열어 죽을 때까지 약 50여 년 동안 교육과 집필에 전념했다. 그의 학교는 아테네를 비롯해서 그리스 전역에 명성이 자자했고, 수많은 유력자들을 제자로 길러냈다. 아테네 시민과 그리스 지도자들을 대상으로 연설문과 편지를 보내 범그리스주의(panhellenism)라는 정치적 이념을 실현하려고 노력했다. 기원전 403년에서 339년 사이에 작성된 21편의 연설문과 편지 아홉 통이 남아 있다. 당대 아카데미아를 세우고 활동했던 플라톤과 철학의 개념을 비롯해 여러 가지 측면에서 대립각을 세웠다.

김헌(金獻)

서울대학교 불어교육과를 졸업하고, 같은 대학교 대학원 철학과에서 석사학위(서양고대철학, 플라톤), 서양고전학 협동과정에서 석사학위(서양고전학, 호메로스)를 받고 박사과정을 수료한 후, 프랑스 스트라스부르 대학(Université de Strasbourg)에서 서양고전학 박사학위(서양고전학, 아리스토텔레스)를 받았다. 서양 고대 그리스의 문학과 신화, 고전기 아테네의 수사학과 철학이 주요 관심 분야이다. 현재 서울대학교 인문학연구원 부교수(HK교원)로 재직 중이다. 『고대 그리스의 시인들』, 『인문학의 뿌리를 읽다』, 『그리스 문학의 신화적 상상력』 등의 저서가 있고, 역서로는 플루타르코스의 『두 정치연설가의 생애』 등이 있다.

서울대학교 인문학연구원은 2007년 11월 한국연구재단의 인문한국(HK) 사업을 수탁하여 HK문명연구사업단을 출범시켰다. 한국과 아시아, 세계를 향한 문명연구의 허브를 구축하기 위해 '한국 인문학'의 정립을 목표로 인문학 제 분야는 물론 인근 분야의 전공자들까지 한 지붕 아래 모였다.

인문학연구원이 한국 인문학의 도약을 위해 핵심과제로 주목한 것은 문명에 대한 새로운 이해이다. 문명이란 장구한 세월 동안 인류가 일구어낸 정신적·물질적 성과들의 종합이며, 타 문명들과 서로 영향을 주고받으며 진화해 온 복합적 실체이다. 이에 대한 심층적인 이해가 선행되지 않는다면 현재와 미래에 대한 유효적절한 준비와 대응은 불가능하다.

문명텍스트총서는 인문학 안팎의 다양한 전공을 가진 우리 연구원의 연구자들이 자신의 영역에서 과거와 현재 문명의 정수와 그에 대한 인식을 담은 중요한 텍스트를 선정하여 번역하고 주해한 결과물이다. 이는 긴 시간의 노동을 요하면서도 성취가 단기간에 가시화되지 않는 우직한 작업이지만, 인류의 유산을 한국화하는 이 같은 작업이 주체적으로 세계문명을 사유하고 새로운 문명을 개척하는 데 발판이 되리라고 믿는다. 문명텍스트총서가 현재와 과거를 엮는 씨줄 놓기 작업이라면, 문명공동연구총서는 인간과 세계를 총체적으로 이해하려는 날줄 엮기라고 할 수 있다. 오랫동안 자신의 분야에서 전문화를 추구했기에 공동연구가 쉬운 일은 아니지만, 문명 이해의 융합적 시각뿐만 아니라 한국 인문학의 새로운 전망을 써 내려가는 방법론을 제시할 수 있기를 희망한 결과물이다. 또한 문명지평총서는 연구원 안팎의 연구자들이 참여한 연구서와 교양서를 아우르고 있다.

아무쪼록 문명총서 시리즈가 동서고금의 문명을 더 깊고 더 넓게 이해하는 창발의 효과를 가져오길 기대하며, 국내외의 학자들이 참여하고 교류하는 열린 연구공간이 되길 바란다.

2014년 4월

서울대학교 인문학연구원 원장